岩　波　現　代　文　庫

焼跡からのデモクラシー

草の根の占領期体験

上

吉見義明
YOSHIMI Yoshiaki

学術 483

岩波書店

はじめに

アジア太平洋戦争の敗北から六八年以上が経過した。この間、日本人は基本的人権と、自由と幸福を追求する権利が保障される社会をつくってきた。また、対外戦争を一度も起こさず、戦争で外国人を一人も殺したことがない国をつくってきた。しかしいま、このような国と社会のあり方が問い直されようとする時代に入っている。また、東日本大震災と福島の原発事故の経験から、かつての敗戦と復興の体験が新しい意味を持ち始めている。そこで、原点に帰り、占領下の時代に、日本の普通の人びと——民衆や、大衆、庶民、市民といってもいいが——は自由と民主主義と平和をどのように自らのものとしていったか、そこにはどのような経験と発見と問題があったかを考えてみたい。本書が、敗戦体験・占領期体験の意味を考え、当時の人びとの叡智から学び、今後を考える素材となれば幸いである。

「与えられた民主主義」論

戦後民主主義を「与えられた民主主義」とみる考え方について、最近いくつか疑問が出されている。その代表的なものとして、ジョン・ダワー『敗北を抱きしめて』全二巻(邦訳・岩波書店、二〇〇一年)は広く読まれている。この本では、アメリカ本国の改革派・GHQ内の改革派と、日本の民主主義グループとが協力して、いいかえれば国際的かつ民際(インター・ピープル)的に協働して「民主主義と平和」をつくりあげたという面が描かれており、僕も感動的に読んだ。

ただし、少し気になるところもある。たとえば「天下る贈り物」という章では、民主主義が上からの「贈り物」として描かれている。また、日米関係を男女関係、性的なメタファで捉える視点もかなり強調されており、これもやや違和感を覚えるところだ。もちろん、ダワーは、民主主義自体は日本人が獲得したといっており、「与えられた民主主義」論ではないのだが、主体的に獲得したという分析が薄いように思われる。

そのような違和感の理由はいくつかある。まず、この問題はより広い歴史の流れの中で捉えるべきではないだろうか。戦前・戦中の日本人の動向は戦後にもつながっているはずである。また、ダワーの本では、アメリカ本国政府内やGHQ内部の動きがよく分析されており、印象的だ。しかし、日本側の動きについては、一種の既視感がある。もっとも、日本側のさまざまな動きの検討はダワーではなく、我々に課されている課題であろう。

「自前の民主主義」論

ダワーの本が邦訳された後に、坂野潤治『昭和史の決定的瞬間』が出された（ちくま新書、二〇〇四年）。その翌年に彼は『明治デモクラシー』（岩波新書）を出している。坂野の本は、明治維新以来の日本の民主主義的伝統を「自前の民主主義」の獲得のための「下から」の苦闘として捉え直そうとする試みだ。一八七九年から一九一二年頃までの「明治デモクラシー」、一九一四年から一九二五年頃までの「大正デモクラシー」、それから一九三六・一九三七年を頂点とする「昭和デモクラシー」の伝統を再評価し、民主主義は外から与えられたのではなく、自分たちが苦労してつくりあげてきたという面をみようとするものであり、これもとても魅力的な議論だと思う。

坂野がもう一ついっているのは、「明治デモクラシー」「大正デモクラシー」「昭和デモクラシー」のそれぞれの時点で、当事者がそれ以前の議論から学ぶことなく――たとえば吉野作造が福沢諭吉からあまり学ばずに――ヨーロッパから議論を直輸入しようとする、そのような断絶の側面、民主主義的な伝統の非継承の問題だ。これも非常に重要な指摘である。

一九三六年から一九三七年にかけての動きを「昭和デモクラシー」と捉えるのはかなり大胆な議論である。異論もあるとは思うが、坂野流の独特の歴史センスで説得的に解釈している。軍ファシズムに対抗する既成政党の一部を「自由主義」と捉え、「自由主義的」資本主義を維持しようとしたとする。しかし、この「自由主義」は民衆の生活改善の要求などには全く耳を貸さなかったという面も指摘している。その一方で、反資本主義、社会改良を唱えた社会大衆党が大きく躍進する。社会大衆党の指導者は国家社会主義、軍ファシズムへの親和性を示しており、その評価は難しいが、坂野はそれを「社会民主主義」といい、「国内改革」(国民生活の安定)という主張が重要だという。そして、平和を目指す「自由主義」と、社会改良を目指す「社会民主主義」とは共闘することができず、分裂していたとのべている。

坂野によれば、戦後の民主主義は、この「自由主義」と「社会民主主義」が復活し、再生したものである。「自由主義」「軍部」「社会民主主義」という三つの勢力のうち、「軍部」がなくなれば、残る二つが戦後に復活するのはある意味で当たり前だとする、明解な議論である。

この「昭和デモクラシー」という捉え方については教えられるところが多い。また、「自前」という側面を再評価する点も共感できる。ただ、少し気になるのは——この二冊は戦後民主主義の分析を直接の対象にしていないので、いいがかりに近いかもしれないが——戦争体験の意味が考えられていないということだ。戦後の民主主義は、一九三六・一九三七年の「昭和デモクラシー」がそのまま復活したものだろうか。その間にある戦時期の全民衆的な戦争体験の意味を考えなければ説明できないのではないだろうか。

戦後社会の特徴

つぎに、雨宮昭一のやはり魅力的な一九五〇年代論について考えてみたい(『戦時戦後体制論』岩波書店、一九九七年)。彼によれば、一九五〇年代には若者を中心にした生産から文化にわたる、資本・企業から「自立」した地域コミュニティが存在していた。自然と調和した労働や食事、自立性をもち地域社会と結びつきをもった教職員集団の存在、管理されない自由な子ども社会などが存在していた。家族や近所の人びとに見守られながら、自宅で生まれ、自宅で死を迎えるような社会があった。高度成長が始まる前の一九五〇年代の日本社会は、歴史的に一回限りの非常に特異な、貴重な時代であった、ということが強調されている。

占領体制が終焉した一方で、権力の側がまだ力を回復していなかったこと、基本的人権を保障した民主主義制度が存在したことが、そのような時代を可能にしたが、その後、企業と保守政党による自立的コミュニティの解体と企業社会化が進められたと雨宮はいう。

これも説得的な議論だと思う。だが、そのような特徴をもつ社会は一九五〇年代にしか存在しなかったのだろうか。必ずしもそうではないだろう。たとえば、家族や近所の人びとに見守られて自宅で生まれ、自宅で死を迎える社会は、一九五〇年代に出現したものではない。若者を中心とした文化・生産にわたる自立的な地域コミュニティは占領期にもあったなど、さまざまな異論がありうる。戦前・戦中・占領期・高度成長期、そして現在に至る歴史的な推移と、このような特徴の消長とをどう関連付けるのか。これは今後我々が明らかにしていかなければいけない課題であろう。

伝統の二側面について

民主主義を考える上で欠かせないもう一つの問題は、伝統というものをどのように捉えるのかということである。明治以前から存在した民衆的な伝統、たとえば平和、自由、助け合い、人に迷惑をかけないこと——このような民衆的な伝統の持続と再生の問題である。もしそのような伝統があるとすれば、それが今の社会にどのように生きているのか、再生できるのか、そのことを考えてみたい。

この時代の若者たちは、勉学や修練を重ねることによって人格を完成させるという「修養」の道徳を身につけていた。これは、一面では伝統的な民衆道徳であったが、学校教育で奨励されるという官製的な性格もあった。この道徳が戦中の戦争支持や、戦後の平和と自由と民主主義の形成にどのような役割を果たすかも見てみたい。

また、これは「戦争責任」意識の問題とも少しく関連している。一九五〇年代後半から再び戦争責任問題が議論された時に、竹内好は「戦争責任」のような冷たい外在的ないい方ではなく、「民族感情に自然な責任感の伝統」をよりどころにして問題を立てるべきだ、と一九六〇年に論じている。(1) これは、民衆の心に内在する伝統的な罪の意識、たとえば仏教的な罪の意識をよりどころにすべきだという議論だと理解できる。

僕は普通の人びとが大量に戦争に動員される中で一様ではない多くの体験をしたことを明らかにする『草の根のファシズム――日本民衆の戦争体験』(東京大学出版会、一九八七年)を書く過程で、そういうケースに何度か出会っている。たとえば、一九三七年の南京攻略戦の時に仲間が流れ弾に当たって死ぬのを見た金沢第九師団のある兵士は、その後、敵を討つといって、中国人の捕虜を戦友の埋められている墓の前に連れて行って、刺し殺す。そうして、「あゝ戦友の敵を討ったと、胸のすくやうな思ひ」と日記に記している(一二月一一日)。その翌年の徐州会戦では、女性や子どもを含む一般の民衆も敗残兵と区別できないから皆殺しにしろという命令を受けて、一つの集落に住む五〇人か六〇人の住民を全部集めて皆殺しにする。その時彼は日記に、「此んなに無惨なやり方は生まれて始めてだ。ああ戦争はいやだ」と書いている。(2)

これは、日本の民衆が維持・継承している平和・自由・共助、他者への思いやりといった伝統的価値観が侵略戦争の無残な現実とぶつかってきしみ、悲鳴をあげている事例だと思う。このような側面を考えてみる必要があるだろう。

もう一つの伝統として、日本人の「帝国意識」がある。帝国とは自国の通貨で世界中どこでも旅行できるような国のことであるという。そのような国は、一九世紀であればイギリスしかないし、二〇世紀後半以降はアメリカしかない。日本はそのような「帝国」になろうとした国であり、その意味で日本人はカッコ付きの「帝国意識」を持っていたことになる。

この「帝国意識」は、アジアの他の諸民族に対する優越意識・差別意識として現れてくる。その現れ方は朝鮮人・中国人・東南アジア諸民族に対してそれぞれ異なるが、それらがどのように克服されうるのか、そのような契機はどこから出てくるのか、ということも、民主主義の質に関わる大きな問題ではないだろうか。

本書の目的

以上のような問題関心から、本書では、戦争に敗れた民衆が、占領下の日本で、平和、戦争責任、自由と民主主義、女性の解放、中国に対する責任、シベリア抑留とソ連について、どのように考えたのか、また、平和と自由・民主主義から疎外された在日朝鮮人・在日台湾人そして沖縄人などのうち、在日朝鮮人のおかれた位置と体験はどのようなものだったのか、という諸問題を検討することを通じて、戦後民主主義の意味を考え直してみたい。なお、本書は、『草の根のファシズム』の続編となる。

用いる資料群とその価値

本書では、このような諸問題を考えるために、資料として、①アメリカ占領軍が検閲するために提出させた日本の全出版物のうち、ゴードン・W・プランゲが受領・保存したプランゲ文庫に所蔵されている、青年団・企業・労働組合・女性団体などが発行した雑誌・新聞に載っている普通の人びとの意見、②普通の人びとの日記、③普通の人びと（とくに在日朝鮮人の方々）からの聞き取りを併用した。

まず、①については、メリーランド大学が作成したマイクロフィッシュ・マイクロフィルムによって見ることができるが、その量は膨大であり、僕はその一部を瞥見したにすぎない。それでもその情報量は限りなく多く、内容も豊かである。もっとも、これらの意見は、ある建前をのべたものであったり、他の媒体から得た知見を自分の意見としてのべたものであったりする場合も少なくない。とはいえ、その場合でも、本人が自分の意見として公表したものであり、動かすべからざる重みがある。難点があるとすれば、この意見をのべた個人の経歴や体験を追跡しようとしても、実名で書かれていないなど、不可能な場合が多いことだろう。

そこで、それを補うものとして、②の普通の人びとの日記を収集して分析することにした。日本には古代以来、指導者を中心に日記を書くという伝統があり、近世中期以降には豪農以下民衆の日記が出現する。これは「一八三〇年代つまり天保期が危機の時代であり、意識上の変革を迫られた時」であるということと関係が深いという。(3) 近代以降、学校教育と軍隊教育により、人格形成のための「修養」として日記をつける習慣が定着した。そして、第一次世界大戦以降、民衆が政治の表舞台に登場し(男子普通選挙の実現)、日中戦争以降には兵員としての男子の大量動員と、銃後支援としての女子の大量動員が行われ、日記を書く習慣は、より広くより深く普及することとなる。

このような中で生まれたこれらの日記は、我々が人びとの生活・生き方の歴史像を具体的に構成する上で決定的に重要であり、また、その時代の雰囲気を伝えるリアリティをもっている。記述内容に限定性がなく、個性的であり、個人・家庭・学校・職場などでの生活や、意識・行動のあらゆる事柄がランダムに書き込まれているという点でも貴重である。

もちろん、書かれなかったことは知ることができない。書き手が、当然と思って、あるいは重要ではないと思って書かなかったこと、書きたくないと思って書かなかったことについては知ることができない。また、日記を書かなかった人、何らかの事情で日記を書けなかった人の生活や生き方をどう再構成するかという問題は残る。

日記を書かなかった人、書けなかった人については、③の聞き取りが重要となる。聞き取りは、質問し、応答があったこと以外は知りえないという限界をもつ。また、当時の雰囲気の厳密な再現は困難で、どうしても現在の価値観が紛れ込むという問題がある。

しかし、知りたいことを系統的に聞きうるという利点、当時は語れなかったことでも、今は語れることも少なくないという利点もある。本書では、とくに在日朝鮮人の体験を再構成するために、聞き取りを活用したい。

文中の引用資料は、原則として、カタカナ文はひらがな文に、旧漢字は新漢字に変えた。句読点を加えたり、改行に従わなかったりしたところもある。拗促音が大文字で書かれている場合は小文字に変えた。引用文中の〔　〕は引用者による補足または説明である。

目　次

はじめに

第1章　戦争から戦後へ……1
1　ある沖縄人の戦中・戦後——沖縄製糖社員の場合　3
2　ある徴用工の戦中・戦後——大阪陸軍造兵廠徴用工の場合　13
3　ある民間知識人の戦中・戦後——東京・馬込隣組役員の場合　21

第2章　平和の構想……31
1　平和主義の成立　33
2　原爆と平和　61

第3章　平和意識の獲得……91
1　ある砥石屋の体験　93

2 ある国鉄労働者の体験 115
3 中島飛行機女子職員の体験 136
第4章 戦争責任論と天皇制 …… 157
1 民衆の戦争責任論 159
2 極東国際軍事裁判(東京裁判)に対する反応 171
3 他のアジアに対する責任論 179
4 天皇の戦争責任をめぐって 184
第5章 自由と民主主義の再創造 I …… 201
1 民主主義の論議 203
2 三菱重工横浜造船所工員の体験 224
3 町工場の旋盤工の体験 249
4 辺土名市役所・国頭村役所職員の体験 273
註 …… 291

下巻目次

第6章　自由と民主主義の再創造 II
第7章　女性の自立と解放をめざして
第8章　中国・ソ連へのまなざし
第9章　見えない他者
第10章　変わらざる意識――あるエリート社員のインドネシア体験
おわりに――草の根の占領期体験の意味
註
あとがき
岩波現代文庫版あとがき

第1章　戦争から戦後へ

大阪・天王寺駅前の闇市（1945年撮影．共同通信社提供）．

アジア太平洋戦争でアメリカ軍の反抗が激しくなった一九四三年には二月にガダルカナル島からの日本軍の撤退がはじまり、一九四四年七月にはサイパン島が陥落した。一〇月には沖縄本島への大規模な空襲があり、一九四五年には三月の東京大空襲・硫黄島失陥、四月の米軍の沖縄本島上陸、五月のドイツ降伏、八月の広島・長崎への原爆投下、ソ連参戦と日本の降伏、一〇月のGHQによる日本(ヤマト)での民主化指令と重大事件が続いた。本章では、一九四三年以降の三人の日記を検討することによって、日本人の戦中・戦後体験の意味を考えることにしたい。この三人は全員男性で、沖縄本島で地上戦を体験した一人と東京と大阪という大都市で空襲を体験した二人だが、戦争で何を学んだのだろうか。

1　ある沖縄人の戦中・戦後――沖縄製糖社員の場合

一九四三(昭和一八)年はじめ、宮城親義《しんぎ》は、沖縄製糖株式会社の社員だった。彼は沖縄県立農林学校を卒業しており、農業に関するエキスパートだった。県立農林学校(嘉手納《かでな》)は一九二〇年代はじめの頃は三年制で一学年一〇〇名だった。同時期の沖縄本島には、男子のために県立第一中学校(首里)・第二中学校(那覇)、沖縄県師範学校(首里)、県立工業学校(首里)、那覇市立商業学校、県立水産学校(糸満)があり、これら諸学校が中等教育を担っており、沖縄の中堅人物を養成していた。沖縄の中等学校進学率は低かったから、宮城は地域でのサブ・リーダーになる資格を十分にそなえていた。

彼は本島中部にある西原工場の農務係としてサトウキビ(甘蔗《かんしょ》)の植付督励と契約、納入原料の鑑定・管理、堆肥原料収取の督励、サツマイモ(甘藷《かんしょ》)・大豆などの栽培指導、牛馬耕の指導などをしていた。サツマイモ・大豆などの栽培指導や牛馬耕の指導は、働き盛りの男子農民が兵士として召集されているので、残っている女性などに対して指導が必要だからだ。彼は、一九〇八(明治四一)年一一月二九日生まれで、当時三四歳の壮年だった。妻と四人の子ども(男子三名、女子一名)と共に西原村の社宅に住んでいた(五月に四男が生まれる(1)。

沖縄製糖での日々と戦争観

戦争は次第に深刻になりつつあったが、彼の日記からはそのような様子は感じられない。たとえば、一九四三年の年頭には稲荷神社前で工場の新年拝賀式を行い、続いて事務所での宴会になったが、「決戦の十八年度の緊張と覚悟を益々心に強化する」という決意が書かれている(一月一日)。しかし、昼食の時にラジオをかけて音楽を楽しむことができるのは、みな「皇軍将兵のおかげ」だと感謝していた(一三日)。二九日の長男の誕生日には赤飯を炊いて祝う余裕もあった。上空を飛ぶ飛行機を見ると、わが郷土を守る空の勇士には信頼し感謝しない人はいないと感じていた(三月一日)。

毎日の工場の順調なる成績は愉快なものである。……如何にも大東亜戦の産業人〔に〕は日本の有難味はなんとも言へぬものである。銃後の守りに我々はゆったりと、しかも落着いて職域に働く〔ことができる〕我等産業戦士は、皇室の御稜威《みいつ》と忠勇義烈の兵隊さんのおかげである事をつくづくと思ふのである。(三月二〇日)

仕事は忙しいとはいえ、愉快なものであり、そのような余裕があるのは、皇室と出征兵士のおかげであると感じていたことになる。戦争目的についてはつぎのように記している。

聖戦下、大東亜戦下の今日、実に我が将兵の武勲は北に南に東に西に、攻むれば必ず勝つ。アングロサクソンの世界制覇の夢を根底からくつがへして、今の内に根こそぎにして見せてやらうとしてる。彼らの人道、人道と唱えてるところは鬼畜にも劣るものである。なんとにくい個人主義の英米ではないか。(四月四日)

彼は、この戦争はアングロ・サクソンの「世界制覇の夢」を根底から覆すためであるとし、彼らがとなえる「人道」とは鬼畜にも劣るものだと考えていた。

沖縄では男性同士で酒を飲む機会が多くあり、それを楽しんでいたが、いつも二日酔いに苦しんでいた。四月にサトウキビの納入と製糖が終わり、非製糖期に入ると、農務係にも事務作業の内勤が増えた。彼は内勤が嫌いで、五月下旬からはじまった村々の牛馬講習やサツマイモ畦立植指導には指導員として喜んで参加した。サツマイモは米と並ぶ主食として重要だった。

彼は、すでにマラリアに感染しており(いつ罹患したかは不明)、六月八日には再発して、寒気を感じ、身体がブルブル震えだした。これは数日で治まったが、その後、戦後まで何度も再発する。

戦況が悪化する中で、八月二八日には西原工場に勤労報国隊が結成され、九月には軍事訓練や工場の防空壕掘りが始まった。九月末には嘉手納工場大山出張所の責任者となり、宜野湾《ぎのわん》村大山の社宅に引っ越した。農家からのサトウキビの買い付け、搬入と事務統括が主な仕事だった。

サトウキビ搬入は労働力不足で苦労したが、一九四四年四月までに何とか完了した。六月から植付けの準備督励に努めたが、村の農業会は誠意のない状態で苦労した(六月二五日)。

決戦準備と一〇・一〇空襲

一九四四年七月頃から村では応召者が増えていった。また、新たに沖縄本島に配備された兵隊がいたるところにいるようになり、民家が接収されていった。七月一七日には、兵士たちが大山の空家に弾薬を山のように積んでいるのを見てびっくりしている。また、本島中部の住民の北部への疎開問題も浮上してきた。サイパン島が陥落する中で、彼も「来期黒糖生産出来るや否や問題である」と感じていた(七月二五日)。八月には出張所の事務所も軍の事務所になってしまった。九月一四日からは社宅の空家に石部《いし》隊(京都第六二師団)の一部が駐屯した。社宅に兵士たちが「夜這《よば》ひ来る」という事件も起きるようになった(九月三〇日)。一〇月には社宅は兵士の炊事場になった。また、一一月には沖縄製糖が海軍の管理工場になり、社宅は石部隊から接収の要請が来た。

このような中で、アメリカ軍は一〇月一〇日に那覇市や那覇・嘉手納・読谷山《よみたんざん》・伊江島の飛行場などに大規模な空襲を行った。これに対して彼は、切歯扼腕《せっしやくわん》したが、「応戦の味方は一機も見えず」と記している(一〇月一〇日)。また、那覇の惨状を聞いて、心配にたえず、一三日に防空壕を造ってやっと心が落ち着いた。二一日には、妻子を故郷の国頭《くにがみ》村辺土名《へんとな》に帰し、大山で一人で暮らすようになった(国頭村は沖縄本島最北部の大きな村、辺土名は国頭村の中心地)。故郷の国頭村では一九四三年一一月に父が死し、四四年三月に自宅を新築していたのだ。

地上戦の開始と避難

一九四五年一月四日、国頭村に帰っている時に米軍機が飛来して、住民は逃げ惑った。そこで、宮城は弟とともに、家の前の畑に避難小屋を造った。

三月二三日から沖縄本島に対する米軍機による空爆が開始された。上陸作戦のために米英連合軍は一五〇〇隻以上の艦船で沖縄本島を包囲し、二四日から艦砲射撃を開始した(藤原彰編『沖縄戦——国土が戦場になったとき』青木書店、一九八七年、七一頁)。このような中で、宮城は二五日夜に大山から国頭村への避難を決行した。彼は「慶留間《げるま》島より残波《ざんぱ》岬まで敵の軍艦がズラリと並んでる。こんなに近寄って来るまでどうもせぬとは不思議なものである」(二五日)と日本軍の応戦戦術に対する疑問を記している。逃避行中、空爆により破壊された嘉手納を見た。恩納《おんな》村や塩屋では米軍機による機銃掃射を受けた。二七日に国頭村辺土名の自宅に帰ると、家族はもうルルミヂ山という山の中の避難小屋に隠れていた。

米軍は四月一日に上陸作戦を開始すると、すぐに本島を南北に分断した。米軍の一部は伊江島と本部《もとぶ》半島にこもって抵抗する宇土《うど》部隊(独立混成第四四旅団の一部と、少年兵により構成されたゲリラ部隊である護郷隊など)を掃討する作戦を行うとともに、海岸沿いを北進し、一三日には最北端の辺戸《へど》岬まで到達した。残存する日本軍の小部隊は山中にこもって遊撃戦(ゲリラ戦)を展開した。

この間、一二日には、辺土名に米軍戦車が上陸したため、宮城は家族とともに山奥の大クビ山という山に逃れた。真っ暗な夜で、道は見えず、子どもたちは泣くし、「胸も裂けんばかり」だった。翌日大クビ山に着き、ここに第二避難小屋を造った。しかし、ここはすでに見知らぬ避難民で一杯だった。国頭村は那覇市・読谷山村などからの約一万八〇〇〇人の避難指定地となっており、五四二九人が避難してきた(そのうち七八一人が戦没したという)(2)。

避難小屋での生活

避難小屋には食料など必要な荷物を運ばなければならなかった。一六日に妹の養父母を探して奥間の山道を歩いている時、宮城は米兵三名に出会った。彼は慌てて逃げようとして谷間に落ち、足をケガした。一八日には、第一避難小屋に置いていた稲モミを盗もうとする住民を妻が見つけ、取り押さえるという事件も起こった。第二避難小屋は雨が降れば雨漏りがしてやりきれなかった。この頃の心境はつぎのようだった。

　勝利の日も近きにありと我々は只《ただ》其の日〔を〕期待して居ればこそ、如何なる苦痛も不自由も試練とのみ思ふなり。神の与えし試練だ。

　このような絶望的な状況の下でも、彼は日本の必勝を信じていたのである。二一日には上門小《いーじょーぐゎー》の義父が宮城の家の牛をひいてきたが、押しかけてきた避難民が、牛を飼っていると米軍に見つかる恐れがあると騒ぎだした。そこで、やむなく読谷山から来た避難民に頼んで屠殺した。すると、牛肉がほしいという人びとが山のように来て、売上は三八〇円余になった。

　避難民がさらに増えてあまりに騒がしいので、三〇日にはウッスクビーというさらに深い山に第三避難小屋を造って引っ越した。ここでようやく足を延ばして寝ることができるようになった。

　しかし、食料不足は深刻で、妻と妹は毎日里に下りてサツマイモなどを採集し、暗い山道を帰ってきた。

　妹カナと妻は里に下りて食物の採集にとて下りていったものである。毎日食糧採《とり》に出掛けて、同じく夜道を帰って来る。その苦労は実に察せられるのである。暗い夜道、山道、実に思はれるのだ。（五月一日）

弟や義弟は、アメリカ軍の陣地に侵入して、缶詰・タバコその他の品々を取ってきた。足のケガが治ってからは彼もルルミヂの小屋から豚油の壺を持ってきたり、里にいるヤギを殺して山に担いできたりした(五月一一日)。連日、山道の人通りはとても賑やかだった。それでも、「山中の生活の狭い小屋で雨の淋しい日は実になんとも言ひ得ぬもの」があった(一三日)。米軍は日本兵の潜伏場所や隠匿武器の破壊を目的に残存家屋を焼き払ったというが、[3]二八日には、辺土名にある新築の自宅が焼失していることを確認し、「実に情けない話である」と思った。

五月三一日には新しい避難小屋に移った。ここで、サツマイモを植え、その葉を食べるように計画した。また、蘇鉄《そてつ》の茎の芯や実を食べるために、その干場を作った。蘇鉄は飢饉《ききん》などの時に食べる非常食だが、猛毒が含まれており、しっかりと毒抜きしなければ危険なものだった。食料不足は一層深刻になっていた。六月九日、ルルミヂに出て、辺土名の集落を見ると、民家は見えず、焼野ガ原と化していたので、涙が流れた。

暗くなってから里に下りてイモ掘りを始めると、米軍は照明弾を打ち上げ、機銃掃射を開始したので、逃げ帰った。一三日からは蘇鉄取りに出かけて山を下り、帰ってからは蘇鉄を切って干すことにした。妻や妹は敵陣の中に入ってイモ掘りをしていたが、これはとても危険なことだった。現に米兵に撃たれて死亡した住民がおり、宮城は二一日に焼香に行った。二四日にも住民が機銃掃射を受け、行方不明となった。激戦の南部戦線では六月二三日に第三二軍が崩壊したが、そのような情報は伝わらず、国頭の山中では避難生活が続いた(なお、六月二七日から七月二〇日までの日記はない)。

投降とキャンプ生活

一九四五年七月頃から米軍による山狩りが本格化した。このような中で、二一日に米軍に投降せよという指示が来た。米軍は自分たちの周りまで来ているということなので、彼は、弟と相談してこの指示に従うこととした。荷物作りをして、二三日に下山を開始し、二六日に国頭村比地《ひじ》の収容所に入った。アメリカ兵に接してみると、予想とは違い、「大陸的で心は広く、コセ〳〵せず」、付き合えば付き合うだけ「面白い相手」だった(二七日)。こうして、彼の戦争は終わった。

彼は、すぐに米軍から農業指導員に任命された(二六日)。八月には、米軍増産係から生産をしっかりやってもらいたいといわれ、大兼久原《おおかねくばる》・鏡地《かがんじ》などでサツマイモを植え付けたり、田植えの準備をしたりした。

このような中で八月一三日には米軍のワレル大尉から戦争は近く終わるだろうといわれたが、「この大戦争がこんなに簡単に終了するとは思はれない」と思った。一五日は山入り日で、山に薪取りに行ったが、敗戦を告げる天皇の放送のことは書かれていない。沖縄では放送局が破壊され、放送されなかったようである。二二日になって、ようやく敗戦の記述が現れる。それはつぎのようなものだった。

星条旗を見る時なんとなつかしい事であらう。日本国民とてあんなに堂々たるのが、今では敗残国民、実に情ない事である。亡国の民□□心になき〔わ〕踊り、淋しい思ひなのだ。

星条旗が翻るのを見ると、敗残国民・亡国の民という思いが沸き上がってくるのだった。九月一四日に米軍から辺土名帰還が許可され、二一日に辺土名に帰ることができたが、住居の確保から始めなければならなかった。

九月には国頭村・大宜《おおぎ》味《み》村・東村の収容地区を統合して辺土名市を設置することが決定された(正式発足は一〇月一日)。彼は、「理想の大辺土名市の建設に邁進する意気にてすゝむ事にする」と意気込んでいる(九月一六日)。これから彼の苦難の戦後が始まる。

宮城の戦争体験を見ると、日本の本土で唯一地上戦の苦難を味わったという点が特徴である。これを彼は「空襲、上陸、山避難、食糧難、米軍の山中掃とう戦、生命さえ危い年であった」と回顧している(一九四五年一二月三一日)。

しかしながら国頭の山中での避難生活を終える直前まで、命まで危ない中で、日本は勝つという信念が崩壊しなかったことも注目される。その意味で、日本の敗戦と「亡国の民」となったという悔しさは深刻だった。

また、避難生活の中で、食料不足に悩み、食の大切さを体感したということも重要である。[4] 一九四六年に避難生活を振り返った時、「生きんがための食糧、実に人間は衣食足りて礼節を知るといふ事が、此の戦争につく〲と思はれてくる……食即ち生なり」とし、「食なくんば如何なる事も不可能なり」と記しているのだ(九月一日)。

新しく支配者となった米軍に対しては、沖縄が「米軍の自由の地」となったことは「なんとかなしい事だらう」と思った(一九四五年一二月三一日)。宮城は、これからヤマト(日本)の支配とは異なるアメリカの支配に直面することになる。

2　ある徴用工の戦中・戦後
――大阪陸軍造兵廠徴用工の場合

阪本勇造は、一九四三年二月から大阪陸軍造兵廠(大阪砲兵工廠)の第一製造所に勤める応徴士(徴用工)だった。[5] 工務掛試製兵器製造班筆生(事務職)となり、一九四四年には事務員に昇格していた。一九一四年八月生まれで、敗戦時は三一歳だった。応徴前は京都に住み、京都市立商業実習学校を卒業して、商店に勤め、キリスト教に入信していた。妻と四歳の長女があり、一九四五年七月には長男が生まれる。自らは「商人」だと自覚しているが、今は応徴士として直接「兵器生産戦」に「奉公」できることを光栄と感じていた(「昭和十九年をかへり見て《ママ》」)。月給は大幅に減ったが、残業や手当を含めると一九四五年一月には一七〇円くらいあり、共済掛金・健康保険・税金をひいても一五〇円以上残り、配給品生活だけなら何とか暮らしていけるはずだった。

決戦の決意

彼は、和歌を詠み、投稿するのを趣味にしていた。それは「皇国の御楯となりて砲つくる尊きつとめ今日もはげまん」といったものだった。一九四五年のはじめには、『日本文学全集』五〇冊を買い、これを読むことと、謡曲を習うこと、そして、健康な体を造り、修養を積むことを目標としていた(一月三日)。

試製兵器製造班(試製班)の部屋は、スチームの効いた暖かい部屋で、快適だった。班の構成は、一九四四年までは男七、八名、女一二、三名だったが、応召などで男性が減っていって二名のみとなり、他は全部女性で、仕事はどんどんきつくなった。

家庭では、配給が滞るようになり、野菜・魚の配給はほとんどなくなった。米が不足するので雑炊や粥となった。国鉄天王寺駅までの通勤列車には、子ども連れの主婦が増え、大混雑するようになっていた(一八日)。郊外に野菜の買出しに行くのだ。食料不足は苦しかった。

近頃又米不足し、副食物の配給も野菜の冬枯れでほとんどなし。文字通り塩をなめて暮す毎日。御粥に塩。春になるまで望みのない毎日。弁当の副菜も急に淋しい。

家庭配給が乏しいので、時々副食物を持ってかへる。先月の清酒も馬鈴薯とかへる。少しでも足しになるだろうと思ふ。買出しも出来ず、戦地を思って忍ばねばならない。(二月三日)

地域での配給があまりにひどいので、工廠で配給された酒を野菜に替えて持って帰るのだった。鯨肉や魚が出る時は、弁当箱に入れて持ち帰るようになった(一四日)。妻は身重で、買出しには出られなかった。

戦局は日々不利になっていくことが分かった。空襲は少数機によるものだが、一月下旬には一五回になり、ルソン島では米軍が中央平野に進出し、ビルマにも連合軍が上陸、ベルリンも危機に陥っていると伝えられた。彼は、日本軍が不利な守戦をしているのは飛行機・兵器の不足のためであり、「生産戦に、補給戦に」自分たちの責任は大きいと感じていた(二月二五日)。

しかし、それでも戦争の前途にかすかな疑念が浮かびはじめた。二月一七日には、本土近くにアメリカ機動部隊が現れたと聞いて、「連合艦隊何処にありや？」と記している。家庭では、空襲警報が発令されるたびに、妊婦の妻と幼児を連れて夜中に何度も裏の退避壕に逃げこまなければならなかった。二月四日に神戸が空襲されると空襲は日課のひとつではなく、「一日のすべて」になったというのが実感で(四日)、とくに、三月一〇日に東京大空襲の報を聞くと、一日も早く妻子を疎開させねばば、とあせるようになった。

しかし、それは容易ではなかった。彼は、疎開したくても家がなく、輸送手段も荷造りの資材もなく、役所の手続きも煩雑な状況を批判し、疎開は個々人が無秩序にするのではなく、「国家の手で行うべきだ」、「内閣は決戦政治として何をなしたであろうか」と記している(三月一三日)。

大阪空襲の体験

このような中で、阪本は三月一三日深夜からの大阪大空襲を迎える。幸い自宅の被害はなかったが、翌朝雨の中を出勤すると、南大阪一帯は焼野ヶ原となっており、天王寺の五重塔も焼け落ちていた。焼け残りの家具や焦げた布団を背負った罹災者の群れが、雨の中をトボトボと歩いていた。翌一五日、街を歩いてみると、恵美須橋交差点も、今宮戎も日本橋も千日前も焼野ヶ原になっていた。彼は、「人道を誇る」アメリカが非戦闘員の住宅を焼くとは何事だと怒り、「負けてはならぬ」という決意を新たにした。

一五日夜には試製ロケット砲の試射のため、愛知県の伊良湖試験場へ出張した。現地は一月の地震で家屋や鳥居・灯籠などが数多く倒れていたが、それより驚いたのは、豊富な食料があることだった。旅館では、大阪ではめったに見られない生卵・海苔・魚・肉・野菜・ウナギなど「山海の珍味」が出た。出張で一緒に来た同僚が仕事より買出しに一生懸命になる姿を見て、いやな気持ちがしたが、彼も旅館の人に卵三五個・海苔三〇〇枚・干イモ一貫・ウナギ二匹などの買出しを頼んだ(一六日・二一日)。帰りには、一九日の二度目の空襲でなお燻っている名古屋の市街を見て、心が暗くなった。

家族の疎開はいよいよ急がなくてはならないと思うようになり、三一日には、やむなく欠勤して、衣料疎開の荷物受付のため早朝から駅の行列に並んだ。真面目な彼にとっては、欠勤はやりきれないことだった。増産の課題と疎開手続きとのこのちぐはぐな関係に、怒りが沸いた。

彼の妻は「日本は負けるのでないか」と案じていた。このような考えは、すでにまわりの主婦たちの間にも拡がっていた。彼は、日本は必ず勝つと諭したが、政府の施策への不満が膨らんでいった。

　疎開にしても、決戦施設にしても、もっと計画的、慎重になすべきだ。疎開せよと云っても我々生産に日々忙しく、一日の欠勤も許されず、又、荷造資材に縄一本なく、運送の道も無い者はどうすれば良いのか。荷物送るだけに駅に二、三日も休んで、早朝より列《ママ》らんで受付せねばならぬ現実である。金あり、物あり、時間ある人のみに好都合な疎開である。(四月四日)

その後、ようやく妻子の疎開先が広島県東城町に決まり、六月一日に疎開した。その見送りから帰って、出勤した七日から、大阪空襲が再開された。一五日には、造兵廠が攻撃目標となり、壕に逃げ込んでいると、ザアーザアーという聞きなれた焼夷弾の音が聞こえ、壕の周囲に落ちているのが分かった。壕の蓋を開けると一面火の海になっており、慌てて平野川の方向に走った。負傷者はなかったが、油倉庫は焼け落ちた。

心境の変化と家族に対する愛の再確認

その後、空襲の公算が大きいと思われる日には、とくに女子の欠勤が増えた。危ないから、と親が出勤を止めるのだ。職場では壕の改造、廠外退避壕の構築、半地下式住宅の建設などの使役に出ることとなった。試製班の仕事はほとんどなくなった。彼は、これまで遅刻したことはなかったが、空襲警報のせいで睡眠不足となり、七月に入ると遅刻が増えた。

戦争に対する態度にも変化が生まれていた。これまでは、沖縄の敗北を聞いても「我々生産人として深く反省せねばならぬ」(六月二六日)とするような、紋切り型の記述がほとんどだった。この、いわば反省癖はその後も変わらなかったが、七月二〇日には、「国民の必勝の信念にもある限度があるのでないかと思う」という記述が現れる。生まれたばかりの長男に会うために東城町に行っていた二四日には、造兵廠に多くの一トン爆弾が投下され、第四工場が潰滅した。八月一日にその残骸を見ると一層の恐怖感が沸きあがった。

七月二十四日の来襲に、〔造兵廠が〕はっきり目標であることを示し、其の爆撃の威力を目にして、空襲に対する恐怖は出勤をにぶらし……職場に於いてサイレンを聞き、B公の音を聞くと身体が緊《ママ》る想いがする。何故？　死？　負傷？　血？（八月五日）

彼も、空襲体験により、心に深い傷、トラウマを負っていたのである。こうして、ようやく建前の思想から少しずつ離れ始めた。空襲が迫る中で、「夫として、父として今死ぬことが、其の決心〔死を恐れぬ決心〕をにぶらす」（同前）と書いているように、死に対する恐怖感だけではなく、家族に対する愛と責任感が、潔く死ぬという思想を変え始めていた。広島に原爆が投下されてからは、それが大阪にも投下されるのではないかと心配した。

このような中で、一四日、造兵廠は再び空襲を受けた。彼は、必死で廠外退避壕に逃げてなんとか助かった。後で見ると、工務掛の建物は鉄柱だけになっており、試製班も潰滅し、面影は何もなくなっていた。

敗戦の悔しさと明るい生活

翌八月一五日、彼は前日の空襲で負傷した重い足を引きずって出勤した。そして、「玉音放送」を聞き、「意外なニュースに自失茫然」する。その理由は、中国・「満州」・

南方だけでなく、朝鮮・台湾・南樺太まで失い、日清戦争以前の日本に帰ると聞いたからだ。彼は、祖先や戦死者に申し訳ないと思った。不自由な生活や空襲に耐えてきたこれまでの苦労が徒労となったこともやりきれなかった。また、これまで造ってきた兵器をアメリカに渡すことも、一度も負けたことのない中国に対して敗戦国となることも、ソ連に「満州」を渡すこともやりきれなく、涙が流れた。悔しくて、その日は早く寝た。

その後、心に沸きあがるのは、なぜ負けたのかということであった。その結論は、軍・官・民すべてに罪があり、「国民すべては、此の〔負けたという〕事実の前に総懺悔せねばならぬ」ということだった(九月五日)。これは八月二八日に東久邇宮《ひがしくにのみや》首相がのべた見解と同じだった。

しかし、阪本は、再び家族と一緒の生活が戻ることで、明るさを取り戻す。八月二四日には、広島に家族を迎えに行き、二九日に大阪に帰った。九月一日に徴用解除となり、無職になった。仕事がないので、壕の取り壊しや畠仕事で一日を過ごした。だが、一人ぼっちの残留生活から一転して、急に賑やかになり、長男の笑顔や長女のいたずらで、心が明るくなった(五日)。

このように、彼は、「帝国意識」を文字通りに受け入れ、職場で熱心に戦争を支えた典型的な一人であり、敗戦とともに、職場を失うが、家庭の愛を再発見し、それを支えに戦後を生きていく。

3　ある民間知識人の戦中・戦後——東京・馬込隣組役員の場合

添田知道《ともみち》は、有名な演歌師、添田唖蟬坊《あぜんぼう》の長男として、一九〇二(明治三五)年六月、東京市本所区に生まれた。(6) 敗戦時は、四三歳だった。アナキストの子でいわゆる貧民窟出身だという理由で、府立一中の試験を面接で落とされるというにがい経験をもっていた。「吐蒙《ともう》」と号したが、これは、知識人としてではなく、庶民そのものとして、蒙《くら》い無知をさらけ出すことに自分の存在意義があるという自負をしめしたものだという(荒瀬豊「記録としての『空襲下日記』」『添田唖蟬坊・添田知道著作集3』三四五頁)。彼は、どこからも援助を受けずに、大都市の隣組のサブ・リーダーとして、地域で空襲を受け止めていたのであり、その意味で中年の知識人の庶民に近い立場からの体験とみることができる。

居住地域での戦い

添田は、一九四四年には蒲田区馬込の借家に、母と妻・長女と一緒に住んでいた。唖蟬坊はこの年の二月に亡くなっていた。一一月二四日には付近に初空襲があった。すでに地域の都市機能は麻痺しはじめており、トイレの汲取りは二カ月以上もなく、やむなく各人が空地に埋めたり、深夜に溝に流したりするので、悪臭がたちこめていた(一一月二六日)。

彼は、一二月一五日から始まった「毎夜防空訓練」で、空襲から我が家を守ることは我が隣組を守ることになり、ひいては東京や日本を守ることになる、そして隣組の助け合いが力を生むと力説していた(一五日)。しかし、近所に住む高田という朝鮮人が訓練に出てきていないことを知って、不満をもらしている。二七日の空襲では、攻撃されたB29がゆっくりと墜落するのを見て、「ゐながらにして戦ふことの出来るわれら帝都民の幸福ぞ」、「ありがたい」と本気で思っていた。

一九四五年は未明の空襲で始まった。彼は隣組をたばねる群長になっていたが、群の状態は不安だらけだった。いまさら訓練でもあるまいといって防空・消火・退避訓練を混乱させる在郷軍人、チンプンカンプンを装って出てこない朝鮮人三家族、知らぬ顔をして協力しない教師、先日教えた訓練内容を改めて聞いてくる訳の分からないおかみさんなどが続出し、これでは「戦は出来ぬ」というのが実感だった(一月二三日)。

三月一〇日未明の東京大空襲では、江東方面の空が昼間のように明るくなった。ひどい風が吹きはじめたため、濡れた防空壕にスノコを敷き、妻と子どもには布団をかぶらせた。やがて関東大震災の時のような怪雲がもくもくとたち上った。「叙すべきを知らず」というのが実感だった。二〇日には、津田沼に行く途中で、秋葉原付近から被災地を見たが、「ひどし」、「〔アメリカ軍の攻撃の見事さに〕感服するの外ない」というのが感想だった。

戦意の喪失と別世界の再発見

この頃から、彼の戦局の見通しには、望みが失せていった。二一日、昼食中に硫黄島玉砕の報を聞いて、ハシを置き黙禱《もくとう》した。日記には「いふところなし」としか書けなかった。二二日、「仇討国債貯金」一〇円を徴収されたが、妻が「ちっとも仇を討たないぢゃないの」と呟《つぶや》くのを聞いて頷くしかなかった。四月四日の空襲では、爆弾投下で壕の天井から土がふりかかるほどの振動を受け、「もはやこれまでか」と感じた。五日、小磯内閣総辞職を聞くと、「畜生。又逃げたか」、かくして民衆のみ敵にさらされてしまう、と憤った。

一五日の空襲では、馬込の市場付近に火の手があがり、飛んできた灰が目に入って痛むほどだった。隣からいわれるままに行李《こうり》や布団を壕に投げ込んだ。五月一日、隣家で行李を埋める穴を作ってくれたので、薬品・瀬戸物・本を整理して詰めようとしたが、もうその気力がなくなっており、詰め込むことができなかった。九日、燃料配給で、遅配となっていた昨年分は切り捨てるという都の発表を新聞で見て、その無責任さに「自ら不信を買ふことばかりやってゐる。そして道義々々はちゃんちゃらをかしい」と憤慨した。すでに、地域で戦争を戦うという決意は吹き飛んでいた。そしてついに自宅が被災する。

五月二四日未明、空襲で周囲が火炎に包まれ、煙が空を覆ってたちまち暗くなった。壕を出たり入ったりしている間に、近くの映画館が燃えていると思ったら、突然、自宅の中が燃え始めた。あわてて家の中に飛び込み、踏み消して廻った。ようやく中を消し止めて、家の羽目板・塀のあたりを消しつつ、隣をみると宮田家も立花家も燃えていた。協力してなんとか消し止めた。後で調べると、不発弾二発が自宅の中から見つかった。家の中は、散々に乱れ、惨憺たる状態になった。

三一日、銀座に出ると、松屋から先が全部なくなり、東京駅も野天になっていた。神田の焼跡から水道橋に出た時、突然、これは「世紀の喜劇」だ、「アメリカがアメリカの植民地を焼いてゐる」という思いが沸き、おかしくなった。

添田の日記で注目されるのは、地域の配給の状態を、身につまされるように、克明に書き込んでいることだろう。彼は、すでに年頭には、食料不足から脚気《かっけ》に罹っていた。四月には野菜の配給がなくなり、二六日には鷺宮に買出しに行ったが、何もなく、やむなく摘み草をし、ヨメナ・セリ・ハコベを採って来た。配給は主食の米が少なくなり、代わりに配給された大豆七キロは、石炭の貨車で運ばれてきたため、石炭混じりだった

(六月二五日)。七月三日に主食代用品として配給されたトウモロコシは、かびて腐っていた。

同じ頃、千葉県富浦へ買出しに行った。隣家、宮田家の実家があるところである。そこは、空襲などまったく感じられない別世界だった。

〔富浦駅から〕十五分ほどにて宮田さんの実家に着く。庭雨に濡れ、井戸端に白と紫のあやめ、あくまで落ちつきたる農家の風情、快し。老御父母に挨拶する。顔屹《きっ》としたる父君、温顔の母君。先づ枇杷《びわ》をザルにて供される。頂く。水々しく艶輝かしく、甘し。ほっと息のつかれるうまさ、自然のありがたさ、頭を垂れて、四つ頂く。――やがて昼食を出される。白米の輝くような飯。われ味噌汁を好むと通じられて、新馬鈴薯を実の汁なり。ありがたく、頂く。(七月二日)

彼は、空襲に荒む東京から来て、農村の平静な環境とその美しさ、田舎の人びとの暖かい思いやりの貴さを再発見したのである。

主食として大豆ばかり食べると、異常発酵するのか、屁がひどくなった(六日)。家中で屁が出、娘が大きいのをするので「高射砲より威力があるぞ、敵機が東京の上空は臭くて通れんと逃げ出すだらう」というと、「それなら上へ向けてしなくちゃダメだ」とかえされて、大笑いになる有様だった(二〇日)。千葉への買出しから一七日に自宅に帰り、貰ってきた赤飯を妻と娘に食べろと差し出すと、ふたりは「随喜渇仰」した。その姿を見て、泣きそうになった。

しかし、配給は一層悪くなった。七月二三日、野菜の配給の替わりに大豆が来て、主食も大豆、オカズも大豆になった。新聞の投書欄には豆食と下痢の悩みが数多くあった(三一日)。彼は、気力・体力が一段と衰えて、刻々と自分がダメになっていくように感じていた(二五日)。

敗戦の受け止め方

このような中で、添田は、八月一一日、偶然、友人の小説家、壺井栄に会い、日本が停戦申し入れをしているという話をいち早く聞いた。その感慨は、B29に追いまくられなくなったら確かにほっとするが、その後に何が来るかだ、「本気になって出直し也」というものだった。

一五日、「玉音放送」があったことは、買出しに出かけた千葉県中台近くの農家で聞いた。母家のおばさんが「よオ、無条件降伏だッちうが、ほんとだっぺかね」というのを聞いて、来たるべきものがついに来たかと感じた。近所のおばあさんが、そんなバカなことがあるか、「やるだけやって負けたんならしやうがねえけんどよ」というのを聞いて、わが身をかえりみないで、どこまでもやる気でいる「純粋な国民感情」に目頭が熱くなった。同時に、不審はあっても疑いというものがない順良な人たちは「唯々としてだまされる」のであり、簡単にだます悪を亡ぼさなければ勝てぬとも思った(一五日)。九月一二日、自殺しようとした東条英機元首相が横浜の病院に運ばれ、アメリカ軍の治療を受けていると聞いて、世に「くたばりぞこなひめ」という言葉があるが、東条は身をもってそれをやっているのだ、ああ、恥ずかしいと嘆いた。一六日には、隣人の宮田夫人の弟から、東条は都合のよい時に見放され、軍閥・工業家の多くの戦争犯罪者に責任を押し付けられたのだ、現に東条内閣時の閣員がいまだに現内閣に入っている、という話を聞いて、「一々尤《もっと》もなことだ」と頷いた。

同日に聞いた、日本軍によるフィリピンでの残虐行為については、これまで政府・大本営の一方的な報道からアメリカのそれに変わったのだと思った。しかし、「聞くのが辛い」が、これまでの軍の行為からして「考へられぬことではない」とも感じている。また、朝日新聞は「封建勢力の存続許すな」といっているが、なぜこれをもっと早くいえなかったか、この国の「文化陣」はフニャフニャだ、と思った(一八日)。彼は、日本軍の不法行為を事実として受け止める感性や、マス・メディアを含む日本の指導者たちの責任を追及する姿勢、だまされやすい民衆の純情への共感と批判を持っていたのである。

とはいえ、添田は、昭和天皇については、他の多くの日本人と同様に、好意的に見ていた。たとえば、天皇の「人間宣言」が出された直後の一九四六年元旦のラジオで「人間・天皇」について語る記者に賛同して「紳士といひ学者といふ。お人柄のよいことはきまってゐる。「娑婆《しやば》」をご存じなさすぎるだけのことだ」と記している。

彼は、戦後のヤミ市の出現を、「ヤミクラシー」と呼び、泥棒日本は滅亡への行進があるだけだと嘆いていた(一二月二七日)。しかし、やがて、戦後改革に期待を寄せていく。一九四六年一月四日に出されたGHQの公職追放指令を聞いて、「政府のマック嵐、面白し。古狸共が周章狼狽してゐるから笑はせる」という記述はその現れのひとつだった(五日)。

添田の場合は、空襲下の無残な現実を、身をもって体験する中で、指導者に対する痛烈な批判が研ぎ澄まされ、そこから、アメリカナイズされる日本が好ましいとは思わないとしても、徐々に改革を主体的に受け止めていく典型的な例だった。

＊

三人の男性の戦時下の生活(一人は沖縄で地上戦を体験、二人は大阪または東京で空襲を体験)を見てきたが、空襲を体験した二人に共通しているのは、戦争開始以前の、または空襲に巻き込まれていない地域・家族・文化などの貴重さや、戦争のない世界の価値を再発見していることだろう。阪本が見つけた明るい家庭、添田が確認した農村に残っていた平静な生活環境などがそれである。

これは、日清戦争以降の対外戦争で築かれた成果を受け入れ、しかし国内に戦争がやってこない体制(「帝国」)を是認し(「帝国意識」)、そこで生まれた生活・文化を渇仰するという面がある。添田の日記に散見される在日朝鮮人に対する意識をみると、隣組群長としての添田が感じた朝鮮人住民の「非協力」に対する反発がある。また、宮城にはこの戦争はアングロ・サクソンの世界支配を打ち破る戦争だという意識があり、他のアジアに対する日本の支配を当然とする意識は崩れていない。このような「帝国意識」が敗戦後にどう変転するかは、このあとの課題である。

しかし、阪本や添田には、「帝国」の体制や「帝国意識」がもたらした無残な現実に対する批判的な意識が生まれているということも重要であろう。一方、宮城の場合にはそのような意識はいまだあまりみられない。異民族支配に対する反発の強さから、日本に対する「なつかしさ」が先行し、批判的な意識は表れていないのだろう。これは、沖縄で巨大な米軍基地が存続することと引き換えに本土(ヤマト)ではアメリカ主導で戦後改革が行われ、平和憲法が与えられたが、沖縄では戦後改革も平和憲法もなく、深刻な食料不足の下で、米軍の直接支配が続くということと関係があるだろう。これが今後どのように展開するかの検討も次の課題である。

第2章　平和の構想

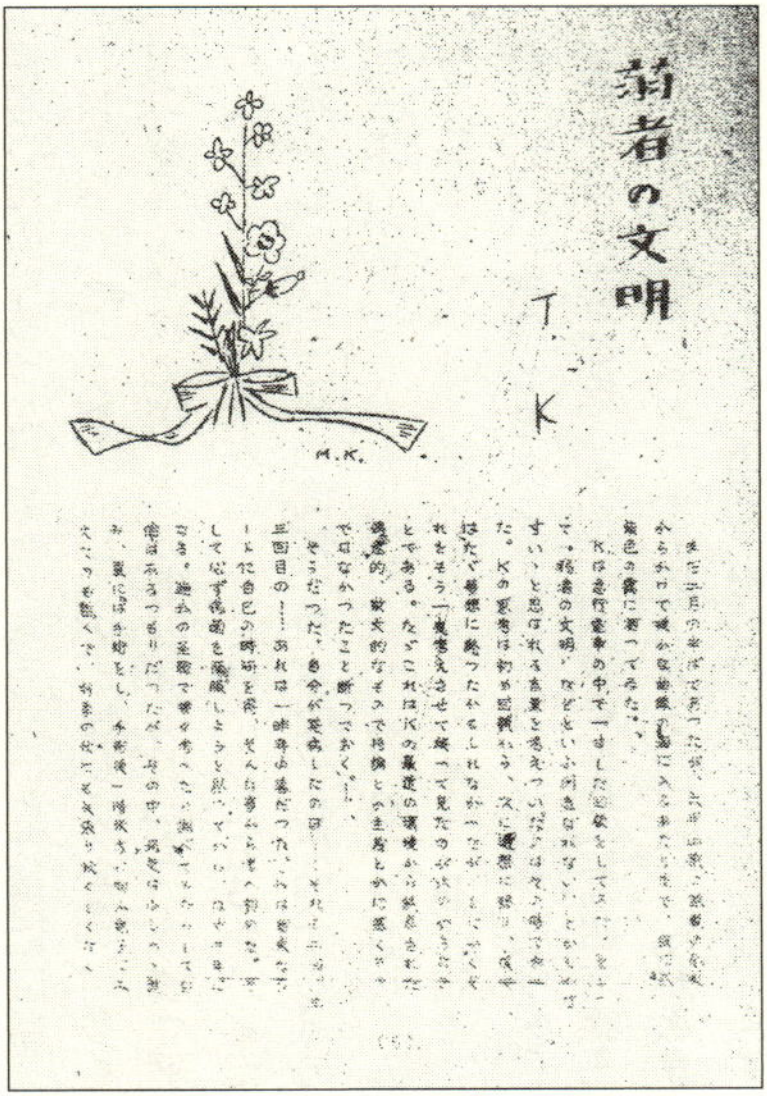
弱者の文明

T.K

M.K.

「弱者の文明」を説く日産化学工業尼崎工場従業員組合の機関誌『あけぼの』(1949年6月号)の論説(メリーランド大学プランゲ文庫所蔵).

一九四五年一〇月四日にGHQの民主化指令が出るまでは、日本の国内体制は戦中と変わらなかった。この指令以後、戦後改革が動き出すのだが、敗戦によって日本の民衆はどのような平和を構想したのだろうか。また、八月六日と九日に広島・長崎に原爆が投下され、二十数万人以上の市民が亡くなり、多くの人が放射線の被害を受けたが、この事実は戦後日本の形成や平和意識の形成にどのように影響をあたえていたのだろうか。本章では一九四五年から一九五二年の間に、日本で平和に関するどのような意識が生まれていったかを民衆レベルに降りて検討してみよう。大きな節目となるのは、降伏を告げる天皇の「玉音放送」があった八月一五日、戦争放棄条項を含むGHQの憲法草案が日本政府の「憲法改正草案要綱」として公表された一九四六年三月六日、日本国憲法が施行された一九四七年五月三日、朝鮮戦争がはじまった一九五〇年六月二五日、サンフランシスコ平和条約が発効し、本土の占領が終わった一九五二年四月二八日であろう。

1　平和主義の成立

世論調査

まず、世論調査で、平和主義の意識はどの程度形成されていたかを見ておこう。日本政府の「憲法改正草案要綱」が公表された直後の、一九四六年三月に行われた『読売新聞』世論調査によれば、この「草案要綱」の戦争放棄条項に関連して、「侵略されても永久に戦争を抛棄しその代り世界平和の運動に努力する」と答えた者は三一・六％であった(回答者七二五名中二二九名)。これに対し、「無謀な侵略にはやむをえず抗戦する権利を残しておく」べきだと答えた者は六八・四％(四九六名)に達していた(澤寿次「憲法草案への輿論」『月刊読売』一九四六年五月号)。戦争は放棄しても、抗戦権は残すべきだと考える者が三分の二以上の多数だったということになる。

日本国憲法施行の二年後の『読売新聞』調査(一九四九年八月一五日)によると、「永世中立」と「集団保障」という両方の言葉を知っている者(前者は三五・四％、後者は二五・三％)に対して、どちらを望むかと聞いたところ、「永世中立」は七三・四％、「集団保障」は一六・六％で、中立を望む者が圧倒的に多かった。しかし、講和後しばらくは連合国軍の駐兵を望む者は四六・四%(「望まない」は三五・八%)で、当分は駐兵を望む者が相対的に多かったことも注目される。

朝鮮戦争が始まってしばらくたった一九五〇年一二月の『読売新聞』世論調査(一二日付)では、「日本が軍隊を持つべき」か、という問いに対して、賛成が四三・八%、反対が三八・七%、「わからない」が一七・五%となった。再軍備賛成がやや多いが、反対も少なくなく、世論は分裂状態だった。

サンフランシスコ平和条約発効直前の『朝日新聞』の調査(一九五二年三月三日)によると、戦争放棄条項について、「よかった」と「仕方なかった」がそれぞれ二七%、「まずかった」が一六%、「わからない」が三〇%となり、「わからない」が増えて、世論は一層分裂状態になっていった。また、再軍備のための改正については、「改正して軍隊を作る必要なし」が三二%、「改正して軍隊をつく《ママ》る」が三一%、「その他(情勢次第によるなど)」が六%、「わからない」が三一%となった。賛否と「わからない」で三つに分裂するという状態となった。

世論の分裂には、朝鮮戦争が影響しているといえるだろう。しかし、再軍備は「必要なし」とする者は、二〇代(三八%)・サラリーマン(三九%)・産業労働者(四〇%)・大学高専卒以上(四七%)に相対的に多かったということは注目される。

指導者による平和的文化国家の提唱

東洋経済新報社の社長で、一九四六年五月に第一次吉田内閣の大蔵大臣になる石橋湛山(日本自由党)は、もっとも早く日本の非武装を構想した一人であろう。彼は、敗戦直後の一〇月に、「真に無武装の平和日本を実現する」とともに、その功徳を「世界に及ぼすの大悲願を立てるを要す」とのべている(「靖国神社廃止の議」『東洋経済新報』一九四五年一〇月一三日号)。ついで、彼は、一九四六年に「憲法改正草案要綱」の第九条を読んで「痛快極りなく感じた」という。なぜならそれは「世界国家の建設を主張し、自ら其の範を垂れんとするもの」にほかならないからだ。国家の名誉を賭けてこの目的を達成しようとすれば日本は最早「敗戦国でも四等、五等」国でもなく、「真実の神国」となる、というのである(「憲法改正草案を評す」『東洋経済新報』一九四六年三月一六日号)。世界国家形成にむけて日本が指導権をもつ意義が強調されていた。石橋は朝鮮戦争勃発後に再軍備論に転換するが、戦争放棄の理念自体は当分棚上げにするとしても、完全に放棄することには否定的であった(1)。

民主党の指導者、芦田均は、幣原内閣の厚生大臣時代の一九四六年初めにGHQから戦争放棄条項をふくむ改憲案を提示された時には驚愕するが、後に衆議院憲法改正特別委員長となって日本国憲法の審議に努め、その公布の日の日記には、「生れて今日位感激にひたった日はない」と記している(進藤栄一編『芦田均日記1』岩波書店、一九八六年、一三三頁）。首相時代の一九四八年には、憲法第九条について、日本だけが戦争放棄を押し通せるかとＮＨＫの浅沼博から聞かれて、「立派に押し通せると信じて」いると答えている。その理由として、芦田は、一切の軍備を捨てて「文化的平和国家」を造ろうと努力している限り日本を侵略しようとする国はないこと、人類が戦争を放棄することが大きな理想であることを否認しうる者はいないこと、その理想のために働いた人は相当多くあったし、今も多くの人が努力していること、平和的文化国家を造ったら「憲法第九条の規定は世界の人類に向って、道義的の指導権を厭《ママ》でも応でも日本国民に与えるものだ」ということを挙げている（芦田均・金森徳次郎・浅沼博対談「新憲法と社会」『教育と社会』社会教育連合会・東京都、一九四八年七月号）。道義的指導権を確保できるという点が強調されていた。彼は首相を辞任した後、一九五〇年に再軍備論に転換する。

民主自由党の政務調査会長、佐藤栄作は、憲法第九条の意義を強調して、一九四九年につぎのようにのべている。

> 日本の行き方については今更こと新しく説くまでもなく、既に新憲法に明らかに示されている。ことに新憲法の中で、戦争を放棄したという精神は、実に日本が今後永久に平和的文化国家として再建することを誓ったものである。そしてこのことについては国民のすべてが憲法の精神の通り考えていたはずである。……私は国民すべてが、この新憲法を強いられたものだというのでなく、自分のものとして静思し

てほしいのである。国民一人々々が、この憲法の精神を自分のこころとするとき、はじめて日本の行き方は決定する。(「新日本の進路」『全人』東京都・玉川学園、一九四九年五月号)

徹底した第九条擁護論であるが、彼はさらに、機来たれば再軍備を、などという考えを全く愚かなものとし、もし米ソが戦ったとしても、かつての独仏に挟まれたベルギーかスイスのように、心からの平和を愛好すべきだとのべている。中立指向の「平和的文化国家」論であった。

このように、一九五〇年に朝鮮戦争が勃発するまでは、民主党系のリーダーも、自由党系のリーダーも、戦争放棄条項を積極的に肯定していた。著名な知識人の戦後の言説を検討した小熊英二は、後年の「進歩派」による第九条擁護論の内容のほとんどは一九四六年の時点では政府側によって唱えられており、逆に理想主義的な知識人や共産党などは憲法に反対していたとのべているが(『〈民主〉と〈愛国〉』新曜社、二〇〇二年、一五九、一六六、一六九頁)、それは主として「平和的文化国家」論として提唱され、また、単に一国的な平和論ではなく、世界に向かって武器と戦争を放棄することを提唱するという高い理想を持って唱えられていた。

ただ、このような主張は、当時の「進歩派」によってもなされていたことを否定すべきではないだろう。なお、当時東大法学部学生だった上田誠吉(後に著名な弁護士となる)

は、憲法第九条については戦争放棄一般ではなく、侵略戦争の放棄を明記すべきだという野坂参三の意見を支持し、憲法にのみ戦争放棄を掲げ、戦争の起こった原因を追及せず、ポツダム宣言の履行を怠っていると、吉田内閣を批判している(「戦争抛棄への道」『学生評論』同社・東京都、一九四六年一〇月号)。

民間の中にも、石橋湛山のように喜びをもって受け入れるという者は少なくなかった。詩人、長田恒雄は憲法第九条を持つことになった喜びをつぎのように詠っている。

> 敗惨の痛苦とともに/僕たちは武器を/あらゆる武器を捨てた/かくて/不名誉な汚辱のなかに/武器なき民族たる/世界最初の栄誉を/僕たちはこの肩にになった
> (「純粋な蘆」『創建』同社・東京都、一九四六年三月号)

武器なき民族となる「世界最初の栄誉」をになうという発想には、現在では忘れられた誇らしい想いが感じられる。

東大法学部教授の横田喜三郎は、国連の成立によって戦争や武力行使が阻止されること、原爆の出現によって文明を壊滅させないための動きが出てきたこと、世界国家の構想が生まれてきたことを挙げ、このような時に時代錯誤を犯さないために、文化の実現を「国家の根本政策」とし、日本の文化を「世界の最高水準」とすることによって、「一等国」となることを提唱し、「新憲法における戦争放棄は実にその出発点である」と論じた(「戦争放棄と日本の将来」『進路』世界文化協会・東京都、一九四六年七・八月合併号)。

また、第九条は連合国からの要求であると同時に、「われわれの意思」にもよると見たい、なぜなら、軍が「人民を欺き、強制し、威嚇して、無謀な、かつ無名な戦争」を引き起こし、人民を破滅的な不幸に追い込んだことを身にしみて知ったからである、とのべた（「世界史的な戦争放棄」『小天地』平凡社、一九四六年六月号）。アジア太平洋戦争での民衆の被害から教訓を引き出し、新たな日本を造ろうという提案であった。

日本は戦争の放棄や軍備の撤廃を呼びかけるリーダーになるべきだという提唱もなされた。元フィンランド代理公使の市河彦太郎は、一九四六年に「軍備の撤廃を日本から進んで勧めるやうにしたり、あるひは植民地なんかもってゐるのは恥かしいではないかといふやうなことを提議」して、独立した国家・民族の世界的連帯性を世界平和の基礎にしようという運動が日本から起こらなければならない、とのべている。

これに賛同して、新居格《にいいたる》は「軍備なんてものは平和国家の世界を建設するために撤廃しようではないか」というような高いレベルの議論をやる地元は日本であるようにしたいと応じている（新居格・市河彦太郎・金井満「「中庸を行く瑞典」を語る（座談会）」『光』光文社、一九四六年三月号）。「平和的文化国家」論は、一層発展した形では、戦争の放棄、軍備の撤廃から進んで、植民地の放棄や世界国家の建設を提唱するものとなっていたのだ。

大阪市立大学学長の恒藤恭は、アメリカ・カナダ・オーストラリア・ソ連・中国・朝鮮・イギリスなどの国が平和国家としての日本の永世中立を保障するような集団的安全保障体制を望んでいたが、同時に、日本が犯した「人類全体に対する幾多の極めて重大なる罪悪」に対する責任を償うため、「徹底的平和主義」の理想を堅持しながら、「民主的平和国家の建設」のために、ひたすら邁進・努力することが必要だと論じた(「戦争放棄の問題(下)」『世界』一九四九年六月号)。アジアに対する責任や補償が直接には意識されてはいないとはいえ、人類に対する「罪悪」への償いのために、「民主的平和国家」の建設が必要だとするものであった。

「平和的文化国家」論——民衆の受容

このような一定の幅をもつ「平和的文化国家」論は敗戦後の日本で流行語となり、農村に多くつくられた、若者が参加する自主的な団体である青年団の中でとくに強い支持を受けることとなった。『上伊那青年新聞』は、「文化国家」をつぎのように説明している。

文化を人間生活の目的と見、文化立国を国是とする国家で、軍国主義に立つ武装国家に対立し、太平洋戦争後、日本が世界に公約したところのものである。文化国家は文化の向上発展を目的とし、平和を求め道義と正義に立たんとするものであり、従って平和国家であり道義国家でなければならない。同時に文化の発展と正義の確立は、経済的物質的裏づけをもたなければ不可能であり、産業経済の発展を必要と

するものである。(「文化国家とは」『上伊那青年新聞』長野県伊那町、一九四九年二月三日号)

ここでは「文化国家」にさまざまな意義付けがされている。なかでもアジア太平洋戦争は武装を中心とした道義国家を目標としていたが、これを転換して非武装の平和国家を文化国家とし、これをかつての道義国家に置き換えようとしているところが注目される。

山口県に住む若者、山県邦雄は、日本国憲法が施行された直後に、戦争放棄を外から強いられたものと考えるのではなく「雄健なる文化国家」を造ることはできないのであり、我々は戦争ができぬ国としての平和国家から、「戦争を欲せぬ国としての平和国家」「平和を性格とする国家」へと躍進しなければならない、と論じた(「戦争放棄と青年の使命」(新憲法特集懸賞入選論文)『山口県文化』山口県社会教育協会・山口市、一九四七年五月号)。彼には高山岩男の「文化国家の理念」の影響がある。

同じ山口県の御庄村青年団は、団則で「吾等は戦争を全く放棄した。日本の進むべき道は文化と平和との建設以外には道はない」、「文化国日本、平和愛好国日本の大建設」はわれら青年の双肩に懸っている、とうたっている(『郷苑』御庄村青年団、一九四八年四・五・六月合併号)。団則はさらに、この目標の実現のために共に提携し、助け合い、青年の純情と意気をもって真理を学び、道を尊び、教養を積み、郷土の発展のために情熱を傾けよう、とのべている。これは、平和的文化国家を伝統的な民衆的道徳と結合させようとするものであった。

石川県の白山麓連合青年団長の建部敬治は一九四八年に「文化国家」とは何かを、白《しら》山比咩《やまひめ》神社の前田勝也宮司に質問しているが、前田宮司はつぎのように答えている。これまでの「文化国家」はどこも強力な武力を持っていたが、我々は武力なしで高い文化を持とうというのだから、人類始まって以来の試みだ。君は「吹けば飛ぶようなモダン美人」のような国というが、いくら力が弱くても「徳の高い立派な美人」であれば、尊敬されこそすれ、犯す人はいないし、犯す者があれば他の者がだまっていない。武力を原理とすることは、結局は物質を原理とすることだが、物質は有限だから争いが起こる。これに反し、文化はいくら分けても減るものではなく、共有されれば権威は増す。だから「戦争を放棄した文化国家はその意味で強力であり、道徳国家として権威あるものになり得る」のだ、と(前田勝也・建部敬治「白山と文化」『白山麓』同連合青年団・河内村、一九四八年一二月一五日号)。古い歴史を持つ神社の宮司が、理想主義的な「文化国家」論を提唱して、若者たちを説得しようとしているのだ。

大分仏教青年会館の神川清は、ユネスコ憲章がいう、平和擁護は「人間の心の中」に建設されなければならない、平和は「人類の知的且つ道義的連帯」の上に築かなければならない、という考え方を、「新しいヒューマニズム」の提示だとして歓迎した。そして、「国民的正義」を排し、「国境を越えた人類愛と人間精神」の燃焼が大切であり、日本民主革命の到達点は共産主義社会ではなく、「文化国家」の社会的実現である、と論じた(「新ヒューマニズムの確立」『平民文化』大分仏教青年会館・大分市、一九四八年二月一五日号)。国境を越える理念・理想という点が強調されていた。

この「平和的文化国家」論に対しては、表面的な平和論ではないかという批判も存在した。一九四七年には、大分仏教青年会館は、流行する平和論について、敗戦の窮状からの一時逃れの論ではないかとのべている。なぜなら、「過去の人道無視の蓄行と考えられる戦」について「峻厳なるしめくくり」がつけられていない、いいかえれば、「世界人類えの過去の誤謬を心から総懺悔」しなければ、どんなに憲法に美辞麗句を掲げても本当のものにならないからだ。それでは、「骨の髄に至るまでの精神的敬虔さに徹し得る」ような更生を可能にする条件が日本人にあるだろうか。この点について、青年会館は、「世界史上にぬぐうべからざる汚点」を残しつつも「更に其の中に得難き数々の体験」を国民一人ひとりが味わったこと、たとえば「日本軍閥の暴挙暴徒のため家財を放棄し而《しか》も人生の幸福を踏みにじられた中国民衆のいたいけな姿」を日本人、とくに復員青年は身をもって体験してきたはずである、と論じた。そして、日中双方の民衆の幸福のために、日本人がこの事実を想起することを訴えた(「主張　世界への総懺悔」『平民文化』一九四七年一二月一日号)。アジア太平洋戦争での加害を含む悲惨な全民衆的戦争体験を基礎にしてこそ、新しい平和な日本が築けるのだという主張が生まれていたのである。

平和意識の形成と戦争体験

この全民衆的戦争体験と平和意識の形成との関係についてみてみよう。民法学者、戒能通孝は、日本が再び戦争に近づきつつあると感じられた一九四九年に、民衆の中にある戦争忌避の感情が強いという事実が平和国家を築く基礎であるとして、つぎのように論じた。

戦争に一歩づつ接近したがりたげな情勢が、最近新聞紙などを賑《にぎわ》していることは、全く不可解というべきのみである。だがどんなに不可解なことが起るにしても、日本人の大部分が、もう一度原子爆弾や空襲を受けたいとは思っていないことも確かであって、この希望こそいってみれば平和国家への基礎である。(「平和国家の理念」『選挙』都道府県選挙管理委員会連合会・東京、一九四九年一〇月号)

戦争とは虫のよい果実をもたらすものではなく、冷厳で悲惨な現実であることを体験した日本人は、二度と戦争が起こらないこと、万一戦争がはじまっても日本がそれに巻き込まれたくないと強く思っていることが大事だと、戒能はのべているのだ。では、それはどのように表明されていただろうか。

俳句雑誌『文は人なり』の中で青木田卿は、戦争が人類に残虐・困憊《こんぱい》をもたらしたこと、明治以来の輸入文化は砂上の楼閣よりも脆いものであったこと、日清・日露戦争以来「戦争は儲かる」と思っていたが、実際には地獄に突き落とされたことなどを挙げ、根本理念が間違っていたとした。その上で、完全な武装撤廃と永久の戦争放棄を憲法に明示したことで、日本は世界にむかってはじめて、「真の平和と幸福」を説く資格と使命を持ちえたのだから喜びにたえないと記した（「戦争抛棄と芙峰理念」『文は人なり』同発行所・東京都、一九四六年八月号）。

軍関係の海図などを印刷していた文寿堂工場労組（横浜市）の若者は、「生れ変った日本／明るい希望に充ちた国／世界の道義国家として／戦争のない自由の喜び／我国は／その第一歩を／力強く／踏み出さうとしてゐる……」と、戦争放棄の喜びを歌った（分析YO生「新生日本」『揺籃』文寿堂工場労組、一九四七年七月号）。

日産化学鏡工場（熊本県鏡町）に勤める分析係の飯田登は、戦争で兄を失っていた。彼は、「戦争放棄」を単なる言葉にしてはならないと、一九四八年に強く訴えていた。

今日六月一日は／私が待ちに待ってゐた／鮎解禁のたのしい日／□人兄弟その中で／一番上手で好きだった／兄がなつかし此の川で／二度と網打ち出来ぬのが／私はかなしく残念だ／私はのらう戦ひを!!／兄を奪った戦ひを!!／戦争放棄は憲法の／学者がその場で考へた／単なる言葉でなるものか／それは多くの人々の／血潮とぎせいで作られた／尊い涙の結晶だ!!／私は二度とだまされぬ／誰が何んと言ったっ

て／私は何にも知らないで／後からどん〳〵やって来る／幼い無邪気なあの子等に／こんなみじめで又とない／さびしい思ひはさせないぞ（「戦争放棄」『かゞみ』日産化学鏡工場労働組合、一九四八年八月号）

戦争で兄を失うなど大きな被害を受け、惨めな思いをしたことを胸にきざみつつ、幼い子どもたちに二度と同じような体験をさせないために、戦争放棄を憲法の「単なる言葉」にとどめてはならないと訴える強い意志が伝わってくる。

大分県三重町に住む若者、佐野義信は、戦争放棄により、日本は軍備の拡張、国際政治での覇権争いをしなくてすむようになったと、歓迎した。そして、敗戦の結果やむを得ず戦争放棄をしたと考えるのではなく、唱える以上真剣に考えてみたいとし、「正道」による秩序をつくることは必要だとのべた。しかし、それだけでは「邪道」との闘争を生むので、「正道」を愛によって平和に導け、と主張した（「私の社会観」『青葉』青葉クラブ・大分県三重町、一九四八年新年号）。

かつて青年新思潮連盟の初代委員長だった伊藤将は、「敗北の混乱と腐敗との社会悪の渦巻く」焼土にたって、戦争のもたらす終末のすべてを体験したと感じて、「我々は最早《もは》や如何《いか》なる戦争も欲したくはない」と思った。そこで、第二次世界大戦後も冷戦をはじめさまざまな紛争が続く世界を見て、人類が「国家的」理想を捨て、各自の権力に依存することを直ちにやめるのは困難だろうが、民主主義的な理性のある国際協力と、世界人としての「国境を超越した」博愛のみが光栄であると主張した(「平和の使徒――ふるさとの青年に送る手記」『青潮』青年新思潮連盟・山口県仙崎町、一九四八年二月号)。

福島県古関村古関郵便局の澤田治元(全逓古関郵便局支部文化部長)は、戦死、家屋・資産の焼失、海外からの引揚げなどの戦争の被害を列挙し、こんな戦争をして「何程の利」があったか、戦争は人間と国を滅亡させる基であり、第九条はこの恐ろしい戦争を放棄し、「正義に生きる」道だと論じた。また、「自国のみ考へ他国の立場も考へないで世界中の国々が円満にはいきません」とものべている(「新憲法発布一周年を省みて」『青風』全逓西白河特定局支部青年部・福島県古関村、一九四八年七月号)。国境を越える見方が必要だということが自覚されている。

広島県教職員組合の機関誌『広島教育』(広島県教職員組合・広島市、一九四九年五・六月号)は、「戦争反対児童作文」七編を収録している。広島の原爆や呉の空襲など、主に日本人の戦争の被害をのべたもので、大好きなオルガン・オモチャ・家などを朝鮮に置いて来たことを嘆く生徒や、「満州」では日常は困ることはなかったが、敗戦により日本人が多く殺されたとのべる生徒もいた。

その中で、福山市立第二中学校三年の藤井孝子は、これまでの日本は武力によって国家の繁栄を図ろうとする「大へん誤った道」を歩んできたが、そのため多くの人びとを犠牲にし、平和・文化その他あらゆるものを破壊したとのべている。しかし、「国民の悲しみ、嘆き、憤りとのろうべき戦争」を二度と起こさないように、ポツダム宣言を受諾したので、今後は「学術方面に、平和産業方面に文化国家として努力しなければならない」と論じている(「戦争放棄」『広島教育』一九四九年五・六月号)。この作文には、戦争の犠牲者として日本人以外はカウントされていないのが特徴だが、それでも戦争の惨禍の確認を通して、「戦争はいやだ」という強い訴えになっている。

つぎに、『静岡展望』(地方建設研究所・静岡県袋井町、一九四九年六月号)という雑誌が行った「警察軍は必要か」というアンケートを見てみよう(表1参照)。一九四八年四月に浜松で朝鮮人と日本人との間で乱闘事件が起こった(浜松事件)。これに対して、アンケートを行った側は、警察が乱闘事件を抑えられなかったので、警察以外に警察軍という別の武力を持った組織が必要ではないか、ということでアンケートを取った(一九四九年四月一五日から三日間、一五歳から七〇歳までの一万人に対してアンケート)。

結果は、二〇歳から二九歳までの男性では、警察軍は必要ではないという意見(不必要+反対)が過半数になった。一方、二〇歳から二四歳にかけての女性は、必要だというのが七二%で圧倒的だった。男と女で全く反応が異なっているが、『静岡展望』の解説によると、「女性は自分がそういう暴力にあうと恐いので、そういうものを作ってほしいというふうに答えている若い女性が多い」ということになる。しかし、二五歳から二九歳の女性について見てみると、必要とする者は五九%に減っている。

表1　警察軍は必要か　（単位：%）

		必　要	不必要	反　対	不　明
15-19歳	男	49	32	12	7
	女	58	16	14	12
20-24歳	男	49	31	20	0
	女	72	18	6	4
25-29歳	男	48	30	22	0
	女	59	29	12	0
30-39歳	男	66	21	13	0
	女	69	22	9	0
40-49歳	男	68	24	8	0
	女	81	14	5	0
50-59歳	男	72	22	6	0
	女	95	5	0	0
60-70歳	男	91	9	0	0
	女	97	2	0	1
平　均		69.6	19.7	9.1	1.6

出典：『静岡展望』1949年6月号.

他方、二〇代の男性で、警察軍は必要ではないという意見が割合多いのはなぜなのかという分析もしている。「二十歳代の青年層(男子)に於ては……不賛成の方が多いことは、特に注目すべき点である。これらの意見は、主として、会社、工場の労働組合員中に多く、ソ連及び共産党の立場を支持する傾向が見られる」とし、三〇代、四〇代の男子にもかなり多く不賛成者があるけれども、これは主としてインテリ層で、かつての「軍隊生活経験者であり、再びあの嫌な軍隊や戦争はコリゴリだ、という軍隊忌避的な気持から反対している」とのべている。

さらに「二十歳前の青年男子で反対している者は学生が大部分で、日本の平和維持のためにはいかなる道を進むべきかを真剣に考えている点が見受けられ、権力に対する反抗的気分から、再び日本が警察国家になることを危惧しているようである」と見ている。

このような、戦争体験を基にして、浜松事件に直面しても民族排外主義に流されず、権力に批判的な意識や、強固な平和意識が形成されつつあるというこの時代の特徴がよく示されている。

さまざまな戦争放棄論——祝神としての平和国家

尾張徳川家の徳川義親がつくった世界恒久平和研究所理事の稲垣守克は、憲法第九条の戦争の放棄は日本文化の本質とも一致し、人間としてあるべきこと、正しいこと、日本として生きる道であるとした。その上で、これはまだ紙の上にあるだけであり、これを実行に移すためには、日本人が平和問題について知識を持ち、世界平和建設に協力しようとする熱意を持つことが必要である、また、平和運動は、「日本の再建と日本の名誉恢復に」不可欠なものである、と論じた(「世界恒久平和への道」『青年』日本青年館・東京都、一九四七年七月号)。戦争放棄は日本文化の本質に適うものであるという主張が注目される。

キリスト者、寺西武夫は、戦争に負けて武力をもぎとられたために、手も足も出なくなり、従って戦争放棄を宣言するより他に道がなかったというような無力感にとらわれた考え方に反対して、理想の高峰を極める希望を持て、と訴えた。我々は、武力によってえたもの以上のものを武力によって失ったが、「真に幸福なる人類協同社会のモデル」をこの日本に樹立することを国民すべてが願うならば、「今日吾々が失った凡《すべ》てのものは実は吾々にとってこの上もない利益であったことを悟り得るだろう」というのだ（「戦争放棄と聖書の章句」『時事英語研究』研究社出版、一九四七年九月号）。敗戦が日本人に新しい社会のモデルをもたらしたとして、第九条を評価する議論であった。

熊本薬学専門学校の学生、林義人は、戦争放棄の意義をつぎのように論じた。かつて軍国主義国家の建設によって全世界の悲惨と惨害の原因となった我々は、全世界の「祝神」たるべき平和国家と世界平和の建設のために「全力全能を発揮すべき責務」を負っている。わが民族の興亡は、先の「大東亜戦」の勝敗よりも、むしろ平和建設のための戦績如何によって決定される。そしてここにこそ「重大な罪過に対する吾々の懺悔」があり、将来の栄光が横たわっている、と（「戦争放棄」『新墾』熊本薬学専門学校文芸部・熊本市、一九四七年六月号）。ここには、被害者意識ばかりではなく、「重大な罪過」に対する補償としての「平和建設」という意識があった。

日本人が平和主義を受け入れるためには、海外侵略をしないでもやっていけるような経済基盤が必要であるという議論もあった。日本文化建設連盟の石井武俊は、そのためには「完全雇用を実現し、国民総てに健康にして文化的な生活を営むに足る所得をあげしめる産業の規模」が、日本の具体的な諸条件を考慮して保障されなければならないと論じた(「平和主義の経済的基盤(下)」『課題』日本文化建設連盟・東京都、一九四八年四月号)。平和の経済的基礎をどう作るかという意味で、これは重要な論点であった。

福岡市の坂井博は、戦争放棄を「人類理性のもっとも輝かしい大団円」であり、日本人の行く手には「七色の光の満ち〳〵た清純なるオアシス」がまっていると歓迎した。その際、一番の問題は他民族からの侵略だが、「我々は絶対に抵抗してはならない」と訴えた。なぜなら、力で対抗すれば、原子兵器や細菌兵器の破壊力が厖大になっているので、とめどもない悲劇が起きる。反対に、人類が戦力をすべて捨てれば「一年働いて優に十年」支えうるといわれている。戦争放棄は自分たちが戦争から遠く逃れるのではなく、日本を「人類平和の礎石」とするのであるから、世界の人びとが日本と言っただけで「清純なる感動の、何物かに打ふるえる」ようなアーチを建設しようと訴えた(「戦争放棄について」『青年春秋』青年春秋社・福岡市、一九四九年九月号)。絶対的無抵抗主義を貫くことで世界に感動を与えることができるという理想主義的な主張であった。

三池鉱業所人事課の丹羽武夫は、戦死した戦友の霊に捧げるとして、戦争放棄を支持した。なぜなら、将来の戦争は原爆の生産が前提となるから、また、世界国家への機運が進みつつあるから、今のままの軍備は無意味であり、一、二の強大国の左右するところとなるか、国際間の地位向上のための戦争などはできなくなるかである。この現実を無視すれば今以上の強大な制裁と被害を受けることは明らかだ。確かに日本は「外部から強制的に」平和国家で行くように強いられているが、「これこそ日本の進むべき道」である。他律はやがて自律となる。また、他の方法で行こうとしてもそれは不可能であり、不合理でもある、と(「新憲法実施にあたり感あり」『炭都文化』三池炭鉱労組・大牟田市、一九四七年五月号)。現実主義の立場からの平和国家論であった。

三重県引本町に住む若者、伊藤郁男は、日本が「正真正銘の丸腰国家」となって平和愛好の実を貫こうとしていることは、世界史上にも画期的な意義を持っているとしつつ、非武装平和国家なるがゆえに「光輝ある文化国家」の建設に専念しうる、とその有利さを強調した(「戦争放棄した将来はどうなるだらうか、又どうすべきか」『銀鱗』引本青年団文芸部、第二号、一九四七年(刊行月不明))。これも現実主義的・功利主義的な平和国家論であった。

貝塚市立高等学校生徒の宮本正一は、太平洋戦争の惨めな結果により「我々は戦争にはこり〳〵している」とし、憲法第九条は内外に永世中立を標榜したものだから、講和後はそれを認めてもらわなければならない。中立国であってもベルギーはドイツに侵略されたが、それは独仏に挟まれた位置にあり、軍隊が通過する位置にあったからだ。スイスは山岳に守られたが、日本は海に守られているから、日本を通過して攻め込む国はない、従って「我国のみ戦争放棄と中立法規とは共に守ってゆけると確信する」と論じている(「戦争放棄について」『新教育』貝塚市立高等学校、一九四九年五月号)。これは、地政学的な立場からの戦争放棄肯定・永世中立論であった。

福井商業学校五年の木村定一は、憲法第九条が出現したのは、単に過去の戦争によって受けた被害から「戦争は罪悪である」、「戦争は苛酷である」と痛感したからばかりではなく、「世界の文明を永久に壊滅から救はんとする偉大崇高なる精神」に発しているのであり、軍備を保持しないことから来るあらゆる損害の到来を覚悟し、至難の道を歩むことを自覚して「世界楽園国家」を目指して邁進すべきである、と論じた（「新憲法の精神」『希望』福井市立福井商業学校、一九四七年五月号）。これは、世界を壊滅から救い、世界の「楽園国家」化という崇高な目的のために、苦難をいとわず邁進しようという覚悟の表明だった。

中道主義・是々非々の立場からの戦争放棄肯定もあった。木材関係の労働組合、木労田辺支部の浜中良雄は、日本人はファッショに行ったり、共産党に走ったりして、中道が嫌いだが、我々は資本主義思想にも共産主義思想にも長所もあり短所もあるという是々非々というものを胸に収めなければ、「折角《せっかく》憲法に永久中立を標榜した戦争ホウキの一条があるにもかゝわらず、又々愛する組(合)が、そうして我々民衆が、銃を手にして一つよりない命を捨てなければならない羽目に立至るのだ」とのべている。彼は、我々が求めるのは金銭ばかりではなく、「道徳に立脚せる暴力のなき真に平和な楽土」だと主張している（「我々民衆は何を求めるか」『新聞木労』木労田辺支部・和歌山県田辺市、一九四九年八月一五日号)。

このような議論の中で、日本を「弱者の文明」の栄える地としたらどうかという構想が、一サラリーマンによって表明された。それはつぎのようなものである。

> これまでの我々の社会は、「弱者」の犠牲によって強者が栄え、「弱者」の利用によって新文化が築かれてきた。そして、強者生存の理に従った結果が、祖国の潰滅につながったのではないか。そうだとすれば、このような文明を根本的に転換し、病者・障害者・老幼者・女性、さらには人間以外の動植物を含む「弱者」が安心して暮らしていけるような社会を造ることが必要ではないか。「弱者」のための新文明を築くことである。
>
> 民主々義、文化国家が主唱されても、軍備の放棄が憲法に綱定されても、吾々の胸下体は、まだまだ大きな強者の文明守保の浪波の中に浸って行くことであろう。然《しか》し、若《も》しも戦敗者が勝者に援けられてゐることや、軍備放棄等のことがもとゝなって、弱者の文明の生長してゆく緒がつくられるものなら、どんなにいゝことだらう。
>
> (T・K「弱者の文明」『あけぼの』日産化学工業尼崎工場従業員組合・尼崎市、一九四九年六月号)

これは、「近代文明」のあり方そのものの転換を、という提案である。このような構想が、占領下に語られ始めていた。それは、一九五五年以降の高度経済成長路線とは明らかに異なる、戦後日本構築の構想であった。

以上のように、平和国家論を基礎づける議論は、さまざまな角度から出されていた。その中で、第九条が時代遅れのものではなく、核兵器の出現という現代史の新しい局面から生まれたということを強調する平和国家論が注目されるが、それは次節で検討しよう。

戦争放棄への不安と批判

しかしながら、同じ時期に憲法第九条への批判または反対もさまざまな角度から主張されていった。以下、その一端をみておこう。

小室千賀子は「若きくにけふあらたにぞ歩みそむみちはいばらのなほ多からむ」と日本国憲法施行を一応歓迎したが、第九条に関しては「剣すてし国の平和よつはものが血もて築きしこと忘れめや」と複雑な思いを表明している(「新憲法施行さる」『をだまき』同社・東京、一九四七年六月号。後者の歌は検閲で削除)。

山口定徳は、戦力の保持をやめ交戦権を否認したことに反対した。その理由は、「軍閥」に対する嫌悪の感情が昂じて、戦力保持の否認にまで至ったのであり、これは日本人の非合理的な欠陥を暴露したものだとした(「戦争抛棄を論ず」『革新』革新社・東京、一九四七年二月号)。

そこまで行かなくても、戦争放棄を歓迎する気分と、不安に思う気分の両方を抱く若者も少なくなかった。延岡市役所に勤める若者は、国家が自己防衛上戦争を放棄するということは常識では考えられず、アメリカの属国になったからこうなったのだと考えていた。しかし、憲法に規定されたという意味を再考すると、戦争が幾百万を犠牲にし、物価の高騰、人道の退廃、文明の遅滞を招き、日本人のすべてを恐怖にさらしたことを見ても、戦争放棄は「歓喜すべき」ことであり、世界の進運の先頭に立って理想的な国家にしなければならない、とも論じた。しかし、日本の無防備が「世界平和を乱す原因」となるおそれがあることを憂慮する、とも記している(美野留「戦争の拋棄について」『裸像』延岡市役所従業員組合青年部、第二号、一九四七年〔刊行月不明〕。最初の文章は、事後検閲で不承認とされた)。彼の心は歓喜と不安とに引き裂かれていた。

京都市立堀川高等学校二年四組のある生徒は、戦争放棄に関して、侵略された時にはどうするかと自問し、憲法では戦争を禁じているので、二度と戦争が起こらないようにするために、「世界各国の全面的戦争放棄」と「個人の全面的けんか放棄」を提案すると論じた。しかし、こちらに非が一切ないのに、相手が暴力を振るったらどうするかと質問されたら「そんなむづかしい問題まで考へたことはないから筆者は返答を拒絶する」と結んでいる(無記名「戦争放棄とけんか放棄」『窓』京都市立堀川高校二年四組、一九四九年五月号)。理想は分かるが、侵略されたらどうするか、答えが出せないというのである。

軽薄な平和主義者への批判も少なくなかった。広島県呉市の秋田謙は、天皇巡幸を迎えて歓喜する民衆を評して、戦争当時の「天皇陛下万歳」と今のそれがどれだけ違うだろうかと嘆きながら、つぎのようにいう。戦争中に「聖戦」を唱え、戦意高揚にわがもの顔に振舞った連中が今日は「昔からの平和主義の神さん」みたいな顔で民主主義を論じている。「反省なき看板屋」「何でもかついで歩き出すような平和主義、民主主義」はあまりにも滑稽である、と(「反省無き平和主義」『民潮』同社・呉市、一九四八年一月号)。このように、アジア太平洋戦争中の言動に何ら責任をとらず、戦後は一転して平和主義を唱える風潮に不信感を抱く若者は少なくなかった。

新日本文学会函館支部の戸村聞三は、憲法で戦争を放棄しても、その国土が「甲国の乙国を襲う軍事基地」となるならば、その国にはいかなる平和も自由もありえない、と論じた(「平和と文学」『文学の友』新日本文学会函館支部、一九四九年六月号。引用部分は検閲違反)。彼は、日本が戦争を放棄しても、その国土に広大なアメリカ軍基地があり、アジアの対立を生んでいる現実をどう考えるのか、ということを問いかけていた。

朝鮮戦争開始後の展開

一九五〇年六月に朝鮮戦争が始まると、政府はGHQの要請に応じて、八月に警察予備隊令を公布するなど、再軍備に乗り出していった。石橋湛山や芦田均らの政治家も再軍備論に転換した。このような中にあって、民衆の中に再軍備に対する深い警戒感が現れる。

このような当時の若者たちの再軍備に反対する動向については、『芦田均日記』の中に非常に印象的な記述がある。芦田均は、敗戦直後には皇室改革や日本国憲法制定にも積極的に関わっていた。修正資本主義を唱え、社会党と連立政権を組み、一九四八年には内閣を組織した。しかし、同年、昭電疑獄事件で内閣を投げ出した後、一年余り、方向を見失ってさ迷う陰鬱な時期を過ごす。そして、一九五〇年に、ようやく自分の新たな進路を見つけるのだが、それは再軍備の提唱であった。

芦田自身は、東条英機・近衛文麿・東郷茂徳など、アジア太平洋戦争を始めた人間たちに対する非常に厳しい批判の目をもっており、彼らに対する嫌悪感を日記の中で繰り返し書いていた。また、一九五〇年一一月のアメリカの中間選挙で共和党が勝利すると、共和党が日本を右傾化させる恐れがあると心配していた。

このように、その後も、彼は自分はリベラルであり、日本の右傾化には反対であると考えていたのだが、朝鮮戦争が始まると、国連軍への志願兵を募るべきだと考え、再軍備を主張する。そして、郷里に帰って若者たちを組織しようとする。ところが、その過程で、地元の選挙区で自分に対する反発が意外に強いということを知って、びっくりする。彼自身はなかなかその理由が分からなかったようだが、一九五〇年七月三一日の日記には、つぎのように記している。

夕食に村人の歓迎会があって、九時半頃からコーエン(主として朝鮮事件の話)。青年達もゐた。「朝鮮事件で再び東条一派のような主張に引摺られるのでないかとの不安がある」といふ。成程それかと感じた。(『芦田均日記3』岩波書店、一九八六年、三二九—三三〇頁)

若者たちの中に広がっている不安感、朝鮮戦争に伴って日本が再び戦争に加担するのではないかという恐れに、この時まで芦田は気づかなかったのだが、再軍備反対、いいかえれば憲法第九条の意味を再認識する大きなうねりがあったことが分かる。

サンフランシスコ平和条約発効後の一九五二年一〇月の総選挙では、自由党二四〇・改進党八五・右派社会党五七・左派社会党五四・共産党〇議席となり、再軍備を唱えた改進党(芦田は顧問)は振るわず、再軍備に反対した社会党(右社・左社)は四八議席から一一一議席に躍進した。京都第二区でも、芦田は最高点で当選したが、第二位には左派社会党の柳田秀一が入った。朝鮮戦争をきっかけに、若者たちを中心とする平和主義を確立しようとする動きが始まるのである。

2　原爆と平和

原爆の威力への感嘆

原爆がもたらした絶滅・破壊の意味を人びとはどのように捉えたのだろうか。一九四五年九月一五日付の『朝日新聞』はGHQにより発禁処分にされた。その理由は、寄稿した鳩山一郎(一一月から日本自由党総裁)が原爆の使用は毒ガスの使用以上の「国際法違反、戦争犯罪」であると記したからだった。これ以降、原爆報道や原爆に関する文章で、連合国の批判や不信・怨念を招くと判断されるものは発禁ないし削除された。

アメリカ政府は、原爆の投下は、真珠湾攻撃への報復のため、戦争責任者の処罰のため、早期終戦を図りアメリカの若者の命を救助するため、日本がポツダム宣言受入れを拒否したため、やむなく投下したと宣伝していた。また、被爆の実態を知らせるジョン・ハーシーのルポルタージュ「ヒロシマ」が『ニューヨーカー』(一九四六年八月三一日号)に掲載されて大きな反響を呼び、原爆投下は間違いだったという声がアメリカ国内で広まると、アメリカ政府の要請を受けたスティムソン元陸軍長官は、原爆投下によりアメリカ人だけでも一〇〇万人以上の死傷者が救われたという神話的なレポートを発表し(『ハーパーズ・マガジン』一九四七年二月号)、この説が根拠のあるものとして広まっていった。

こうして、原爆がもたらした惨害はあまり知られることなく、逆に原爆の威力や効果が注目されるようになった。たとえば、『科学朝日』は、早くも一九四五年一一月に「原子爆弾で殺された人間の数よりも今後救はれる人間の数が多いといへないこともない」として、原子力の「人命救助」と「平和利用」への期待を表している(「原子爆弾の副産物」『科学朝日』一九四五年一一月号)。一九四六年、歌人、岡山巌は「戦すみていよよ明らかに偉《おほ》いなり原子ウラニウム原子プルトニウム」と詠っている(『歌と観照』同社・東京都、一九四六年四月号)。日立向島造船所(広島県尾道市)のある若者は「日本人は「神風を作る」と云へば笑ふだろう。だが広島に於ける原子力の結果を見よ」と、モンゴル襲来の時に吹いてその軍を壊滅させた台風に原爆をたとえて、その威力に感嘆している(HS生「忘れられた夢」『建造』日立向島造船所労働組合青年部、一巻二号、一九四六年(刊行月不明))。一九四七年、療養所のある患者は、原爆について「今世紀兵器科学の最高峰」であり、それのもつ魔術的な破壊力は既存の一切のエネルギーを無力化した「革命児」だとして、「平和利用」に期待している(KU生「原子爆弾とは」『療友』国立弘前病院患者同盟、一九四七年九月号)。このように、威力としての原爆認識が広まっていった(2)。

被爆者の中からも、科学的「達成」を評価する声が生じていた。那須商店(水産業)常務の那須秀雄は、軍嘱託として呉海軍工廠で水産関係の協議をした後、広島市の羽田別荘に泊まった時、被爆した。倒壊した建物の下敷きになり、猛火の中をかろうじて脱出したが、一時、脱毛や歯根からの出血で、生死の境をさまよった。奇跡的に回復した時、日本の指導者は「侵略戦争の悪夢」にふけり、国民を奴隷化し、国を滅亡に導いたのだ、と痛切に思った。そして、原爆投下は広島・長崎の「無辜の生霊」を奪い去った実験だと感じながらも、それは平和人道を鼓吹するアメリカの「戦勝途上に於ける一つの大きな悩み」ではなかったか、と同情的だった。また、「科学米国の持つ偉大さは感歎の外無い」と、その科学的「達成」を評価していた(「あれからもう一年　原子爆弾遭難の記」『日本水産評論』同社・東京都、一九四六年九月号)。

科学技術信仰の発生・強化

現代戦であるにもかかわらず、戦争中には精神力が重要だと強調された。しかし、現代戦は科学戦でもあるとして、戦争中から科学技術重視の傾向も生まれており、「決戦兵器」を開発するために、予算と人材が投入された。しかし、日本は、高高度を飛ぶ戦略爆撃機B29も原爆も開発できなかった。こうして、最新の兵器により、ほぼ無抵抗のまま、日本各地が破壊されていくのを目の当たりにして、人びとは、日本の科学技術の低さを痛感し、戦中の科学技術重視は表層的なものであることがはっきりしたと感じた。

ここから、民衆レベルでの底深い科学技術信仰が生まれていく。

原爆と科学の問題をもっとも早く指摘したメディアのひとつは『東洋経済新報』だろう。同誌は、「更生日本」のための着眼の要点の第一は原爆であるという。なぜなら、それが「科学の産物」「頭脳の産児」だったからだ。つまり、日本が「世界平和の戦士」として全力を尽くすためには「科学精神」に徹することが必要で、そうすれば日本は立ち直れる、というのだ(「更生日本の門出　前途は実に洋々たり」『東洋経済新報』一九四五年八月二五日号)。

教育界でも、たとえば新潟県教育会は、敗戦の冷厳な事実は「元寇以来の神風思想」の信仰から我々を覚醒させてくれたといい、今後是非必要なものは「科学的精神」の向上・実践である、という。それによって、合理的思想の涵養、民主主義理念の正確な把握、「平和な文化国家」の創建も実現されうるというのだ(「巻頭言　科学的精神の高揚」『越佐教育』新潟県教育会・新潟市、一九四六年五月号)。まるで科学は万能薬であるかのようだった。

しかし、民衆レベルでの議論は、表面的なものだけではなく、かなり深い内容を持つものも少なくなかった。蚕糸科学研究所研究員の鈴木四郎は、原爆の威力に驚くとともに、日本が最後の頼みとする武器がついに竹槍にまで下落していったのに対し、アメリカではそれが原子爆弾にまで高められていったという、あまりに大きな格差を生んだ原因を問題とした。彼は、その原因は教育の欠陥にあったとし、「真理を飽迄《あくまで》真理として信奉する精神」と、それに対する寛容・忍耐・理解・支援が必要だと論じている(「竹槍と原子爆弾」『蚕糸界報』大日本蚕糸会・東京都、一九四六年一月号)。

復員兵で印刷技術者の馬渡力は、原爆に象徴されるアメリカの技術に近づくためには思い切ってもっと模倣をすべきだとした。しかし、それは目先の方法ではなく、現場作業での軽量化・合理化・能率化・恒常化・安全化を、教育では理論を、技能者養成では実際を、研究では基礎を学ぶべきであり、そうしたすべてにより「技術を確固たる岩床の上に据直す仕事に努力せねばならぬ」とのべている(「復員者の感想」『印刷雑誌』日本印刷産業綜合統制組合・東京都、一九四六年三月号)。

福岡県大野村のある若者は、対米開戦時にあまりに楽観的であったことと、負け方が余りに徹底していたことを振り返り、これからは科学技術の表面的な摂取ではなく、「近代精神」の把握からやりなおさなければならない、と論じている(川崎生「日本に於ける科学の将来」『大野』大野自治青年団・福岡県、一九四七年三月号)。

栃木県国本村青年団の山口清は、日本がアメリカとの原爆開発競争に負けた理由は、科学者ではなく、国民の科学、とくに女性の科学的教養が劣っていたからだとし、「今女性が科学に、そして教養に目覚めねば日本の建設は凡そ縁遠いものとならう」と論じた(「女性と教養」『国本青年』国本村青年団、一九四六年七月号)。

原子力の「平和利用」

科学技術信仰と同時に広がっていったのは、原子力の「平和利用」への期待感である。嵯峨根遼吉東大教授は、戦中には、日本海軍の原爆開発計画にたずさわっていた人物だが、一九四六年には、原爆の完成により「人類が原子の力を利用することが出来る様になった点は爆弾に利用するといふ本来の目的以上に大きな収穫があ」った、と核の利用を全面的に肯定している(「アメリカ科学界の行き方」『国民の科学』新小説社、一九四六年八月号)[3]。さらに、原子力の利用は、現在は動力・船でやっており、そのつぎは飛行機だろうとした上で、台風の進路を変えることも可能で、「そういう試験を早くやってくれ」というのが我々の希望だとのべている(岡崎勝男・嵯峨根遼吉ほか「ソ連の原子爆発と国際政局の展望」『東洋経済新報』一九四九年一〇月一五日号)。彼は、放射能の危険性については「時間を待っていれば消せるもの」で危険でもなんでもない、と楽観的だった(『キング』一九五〇年二月号)[4]。

『朝日新聞』は、一九四六年一月二二日の社説で、原子エネルギーの利用が可能になったことは、「過去の如何なる発明をも凌駕する真に画期的な出来事である」と評価した。同紙の科学記事をリードした田中慎次郎記者は、原子力を「人類の繁栄と幸福のために使うということ」は絶対に必要だ、と説いた(武谷三男・田中慎次郎「原子力の問題」

『朝日評論』一九四七年一一月号)。このように、リーディング・ペーパーだった『朝日新聞』は「平和利用」に肯定的だった。

財界関係者はもっと実利的な「平和利用」を唱えていた。戦前の新興財閥、日曹コンツェルンの総帥だった中野友礼は、石油はあと四〇年で、石炭はあと二〇〇年で掘り尽くされるが、水力電気・風力・太陽熱では、この問題はまだ解決できない。しかるに「原子は多量のエネルギー即ち熱になる。燃料になる。やがては、石炭にも、石油にも、変はり得る事になる。そうすれば、人類の生命は永遠である」という。こうして、彼は「原子爆弾は人類に光明を齎《もた》らした」のであって、「恐るべき戦争武器」と考えるのは間違いだ、と断じている(「これからの事業(四)原子爆弾(一)」『ダイヤモンド』一九四五年一二月一日号)。

関東配電技術課の馬淵定行も、石炭はともかく、石油はあと八〇年の寿命しかないので、その欠乏にともない、原子エネルギーの動力への利用は「切実なる問題となるは瞭《あき》らかである」とのべている(「原子爆弾及び其の後に続くもの」『関東配電株式会社報』同社・東京都、一九四六年七月号)。

日本人初のノーベル賞受賞者、湯川秀樹もつぎのようにのべている。

このようにして見出された自然の新しい性格は、私どもにそれが物質とエネルギーの両面にわたるほとんど無尽蔵ともいうべき資源として、将来活用され得るものであるという大きな希望を与えることになった。原子爆弾の成功はこの希望の実現へ向っての第一歩であった。今後における原子力の平和的活用が人間の福祉にどんなに大きな貢献をするか、おそらく私どもの想像以上であろう。(「知と愛とについて」『科学と人間性』国立書院、一九四八年、七三頁)

彼は、原爆の出現は人類の破滅の危険性が無視しえないものであることを示したという事実を指摘しつつ、平和的利用の恩恵も期待していたのだ。

最後まで残る放射性廃棄物の始末の付け方が未解決なまま建設される原発は「便所のないマンション」と同じだ(武谷三男『原子力発電』岩波新書、一九七六年、一八九頁)、と後にそれを厳しく批判するようになる物理学者、武谷三男も、敗戦直後にはとても楽観的な展望をもっていた。彼はいう。

広い平野で、電力を起す川もなく、石炭も掘れない、そういう所は開発されてないんですが、原子力はそういう所の開発には非常に適してると思うんです。日本の電力飢饉なんか、原子力があれば一ぺんで解消するんですね。そういう意味で生産力の相当大きな効用はあるんです。恐らくシベリヤとか中国なんか、どんどん開発できると思うんです。(前掲「原子力の問題」『朝日評論』一九四七年一一月号)

武谷は、エネルギー問題の解決や未開の地の開発に原子力は大きな力をもつと期待していたのだ。彼が放射性生成物の危険性を意識するようになるのは、ビキニ環礁での水

爆実験で第五福竜丸が被曝し、また原子炉予算がついた一九五四年以後のことである。(5)

民主主義科学者協会(民科)の崎川範行日大教授は、広島への原爆投下を主として「原子エネルギーの利用が夢でなかった」という面から見ていた。アスピリン一粒くらいの物質から、日本中で何年もかかって発生させる電力がえられるので、そうなれば「動力としての石炭も石油も水力発電所も皆いらなくなってしまう」とのべている(「原子力時代の黎明(1) 原子とは何か」『われらの世界』民主主義科学者協会・東京都、一九四八年一月号ゲラ。検閲で全文削除)。社会主義者や左翼系の人びとの中でも科学への信頼感に基づく楽観的な見方が強かったのだ。この見方はソ連が原爆開発に成功すると一段と強くなる。

民衆の中の「平和利用」論とその批判

民衆レベルではどうだっただろうか。内野自治青年団の大庭鉄雄は、原子力解放の真の意味は原爆として利用されるものとは正反対で、「人類への奉仕」であり、いかにして「人類の幸福に利用するか」にあるとのべている(「原子力と平和」『先駆』福岡県内野自治青年団・内野村、一九四八年七月号)。栃木県の和田五一郎は、核の「平和利用」を願い、アメリカ軍が理化学研究所と大阪大学のサイクロトロンを解体・破壊したことを暗に批判して、「失ひし仁科博士のサイクロトロン今にして欲し和平日本に」と詠っている(『地上』対馬完治主宰・東京都、一九四六年二月号ゲラ。検閲で削除)。

大分県長峰村の青年団員、松原一彦は核によるユートピアをつぎのように期待していた。

〔原子力の開発によって〕原子エンヂンを付けた車や機械はそれが壊れて使へなくなる迄燃料の補給は要らない便利なもので、又豊富な然《しか》も無料に近い安い動力が供給される結果、各種の工業は大発展を遂げ、米やメリケン粉等の食糧は工業で天候に左右されず滝の様に生産され、主婦を苦しめる料理、洗濯、掃除等は電気仕掛で簡単に出来、我々は一日の中僅かの時間それ等工場で働けば満ち足りた生活が出来、大部分の時間は宗教に芸術に費し、花と小鳥に囲まれたユートピアが現出するでせう。その結果は嫌なイデオロギーの争〔で〕も階級の争でもなく、人々は神や仏に近い状態となるのではあるまいか。(「原子力とは?」『長峰文化』長峰村むらすずめ文化会・大分県長峰村、一九四九年六月号)

これは、かつてマルクスが夢想した共産主義ユートピアの原子力版だったといえよう。このようなユートピア的な原子力待望論について、理化学研究所所長、仁科芳雄は否定的だった。彼は「中性子がウンと出て来る」ので、人体に害があるから、飛行機や自動車には使えないし、発電や船に使うにしても石炭より「ウンと高くつく」ので、実用化はずっと先だとのべている。しかし、たとえば、台風の進路を曲げることなどには使える可能性があるとはいっていた(仁科芳雄・横田喜三郎・岡邦雄・今野武雄「原子力時代と日本の進路」『言論』高山書院、一九四六年九月号）。その後、彼は、「平和利用」にもっと否定的になる。原子力の「平和利用」は果たしてものになるかどうかもはっきりしない、日本にはウラニウムもないし、「現在では一つの知識にすぎない。そういうものは日本では使えない」と現実的な可能性がないことを指摘し、それよりも今は原子爆弾が死活問題だとのべている（仁科芳雄・谷川徹三ほか「原子力爆弾と世界平和」『改造』一九四九年一一月号）。しかし、有害な放射能の問題を指摘する仁科のような論者は少なかった。

なお、仁科は、原爆で人類が滅亡したくないのであれば、戦争を廃棄し、「世界国家的性格をもつ機関」を設立しなければならないはずだから、科学の進歩は平和的な世界を現出するとのべ、科学の進歩自体については楽観的だった（「人類の幸福と科学」『世界経済評論』綜合アメリカ研究所・東京都、一九四七年一月号ゲラ）。

放射能の危険性と被爆者

しかし、被爆者や被爆者の治療にあたった医療関係者の中には、放射能の危険性に気づいていた者は少なくなかった。被爆者の診察・調査にあたった東大医学部教授の都築正男は、放射性生成物の影響にいち早く気づき、ガンマー線・中性子線などにより、まず血液、ついで骨髄・脾臓・淋巴《リンパ》腺などの造血臓器、続いて肝臓・腎臓などの内臓が冒され、それらの機能が障害を受ける、として、一九四五年一〇月に、つぎのように記している。

この様な障害が高度に起ると、生物は即時又は数日の内に死亡する。中程度の障害を受けると大多数のものは二週間から四週間位の間に重篤な症状を発して死亡し、幸にも軽度の障害ですんだものは死亡は免がれ得るが、数ヶ月に亘って色々の故障が起り易い。今日迄の調査の成績から考へて見ると、大体爆心から半径一粁《キロ》の圏内に居たものは高度の障害を受けて居り、二粁の圏内に在ったものは中程度の障害を蒙って居り、四粁の圏内が軽度の障害を受けたものと思はれる。(「所謂「原子爆弾傷」に就て」『綜合医学』日本医学雑誌株式会社・東京都、一九四五年一〇月号)

彼は、このようにのべて、脱毛・口内炎・出血・発熱などの症状のある者だけではなく、現在症状がない者も医師の健康診断を受けられるようにすべきだ、と提言している。

広島で被爆した万年スレート広島工場長の葉山耕三郎(詩人。本名鹿島登)は、原爆投下により火傷を負った者の半分以上はやがて死ぬだろうとして、つぎのようにいう。

火傷が唯の火傷でなく……最初は表面だけで軽いやうだが、段々悪く腐れて、皮膚の下の赤味が出で、一週間位して発熱し、気力も衰へ、身体のあちこちに障害が起るといふやうな経過である。(「身をもって体験した広島の原子爆弾(続)」『二豊』二豊社・東京都、一九四六年六月号)

放射能の人体に及ぼす影響が深刻に認識されているのである。広島の羽田別荘で被爆した那須秀雄も、白血球が一五〇〇以下になり、高熱にうなされ、「脱毛は烈しく剰《あまつさ》へ手足や顔はドス黒く焦げ、遂に左耳下の咽喉淋巴腺が腫れ、遂に下顎の歯根から出血夥く、絶望的の症状を呈するに至った」という(前掲「あれからもう一年」『日本水産評論』一九四六年九月号)。

広島市で被爆者の救護にあたっていた船舶一等兵の上島大三も、救護に従事する兵隊の中には、地中に浸透した放射性物質の反射で白血球が減少したり、歯ぐきから出血したり、体に紫の斑点が生じて頭髪がぬけたりして、「一週間たらずでポックリと死んで行った者もあった」と、その影響を記している(「原子爆弾の想ひ出」『いしかわ』石川県警察部・金沢市、一九四九年九月号)。彼自身も頭髪が真っ白になり、原因不明の病気に罹るようになった。

このように、被爆者や救護・検診・治療にあたった救護・医療関係者は放射性物質の及ぼす影響に敏感にならざるをえなかった。これは、原子力の「平和利用」にも異なった態度をもたらすことになる(6)。

原爆の甘受と日本の責任

しかし、原爆の投下はやむをえなかったというアメリカ政府の主張が行き渡り、原爆投下は天恵だとか、救いだとする見方さえひろがっていった。文部参与官の森田重次郎は、原爆により古い意味の戦争に終止符が打たれ、軍艦・鉄砲・兵隊さえいらなくなったので、原爆を「神風」、天来の「恵与」として武力日本から文化日本に転換できる、こうして、軍備に経費をかけなくてもよくなり、それを道義方面・科学方面に注入して大飛躍をすることができる、と論じた(「教育者の新使命」『大日本教育』同会・東京都、一九四六年一月号)。この議論には、原爆を天の恵みとして利用しようとする功利主義的な臭いが感じられる。

平凡社の編集者、木村久一は、原爆は「日本国民の救ひ」だったとのべているが、その理由は原爆投下がなく、国民がどこまでも軍部に引きずられていったら「我々は一たいどんな事になっただらうか」と思うからだ、という(「原子爆弾」『時代』平凡社、一九四七年四月号)。

呉市の個人新聞『砂陣』の主宰者、高橋祐一は、ポツダム宣言の警告を無視して日本国民を原爆・空襲の惨害にあわせた日本の指導者の「冷酷惨虐なしうち」を非難し、「国体観念」を完全に克服しない限り日本国民は永久に救われない、と論じている。しかし、彼はアメリカの投下責任は問わなかった。同じ紙面には、「大いなる科学の力一瞬に天地をくだきていくさを断ちし」と原爆の「戦争終結促進」効果を評価し、「あゝおろか人類史上たえて無きこの惨虐を招きし日本」と詠う和歌を掲載し、責任は日本にあるとした(『砂陣』一九四七年八月五日号)。

被爆体験から

被爆者はどうだっただろうか。一九四六年春にジョン・ハーシーの取材をうけた広島の被爆者、メソジスト教会牧師の谷本清は、ハーシーに訴えたことを、二年後に回想して、つぎのように記している。

広島の人々は原爆被害を恨んでいないこと、寧ろ天皇陛下のため、祖国のため、満足して死んで行ったことを説明したくあったのであります。当時は天皇制存続の激論が闘はされていた頃とて、私は黙すことが出来なかったのであります。(「原爆と米人の愛」『ひろしま』瀬戸内海文庫・広島市、一九四八年六月号)

彼は原爆投下でアメリカを非難しないということと、天皇を守るために自分たちは犠牲になったということを強調していた。

長崎の著名な被爆者、永井隆は、憲法第九条について、やぶれかぶれの気持ちで定めたのではなく、二発の原爆のせいであり、「ほんとうに心の底から、戦争はいやになり、悪い大騒ぎと悟り、二度とふたたび、この恐ろしい過ちをおかしたくないと思って、戦争をすてたのであった」とのべている(「平和塔」『ワールド』西日本新聞社、一九四九年一〇月号)。過ちは原爆を投下したアメリカの指導者にあるのではなく、日本がアメリカに戦争を仕掛けたことにある、というニュアンスが感じられる。また、彼が書いた「原子爆弾合同葬弔辞」には「世界大戦争という人類の罪悪の償いとして日本唯一の聖地浦上が犠牲の祭壇に屠られ燃やさるべき潔き羔《こひつじ》として選ばれたのではないでしょうか？」とある（『長崎の鐘』日比谷出版社、一九四九年、一七四頁）。投下責任は問われていない[7]。

他方で、彼は、長崎で被爆した子どもたちは「げんしばくだんはひどかどバイ。痛かトバイ。もう、やめまっせ！」といっているとして、自分たち「原子野住人の願うところ」はただ一つ、「世界永遠の平和」であるとのべている（「かけら家族の子らの手記 紹介者の言葉」『婦人倶楽部』講談社、一九四九年九月号）。被爆体験から原爆に反対する平和主義が生まれているといえる。

別府の土建業者、植良組常務の梶田四郎は、広島市に出張し、旅館に一泊した後、広島駅前で被爆し、顔面と首に火傷を負った。かろうじて帰宅してから二カ月間生死の境をさまよった。八月一五日の「玉音放送」を聞いて、これで命はとりとめた、「ゆっくり治療も出来る」と泣いた。その後、なんとか回復したが、身体は弱り、下痢をくりかえした。このような彼にとって、被爆体験は「世界人類の幸福をもたらす為に試練された原子爆弾の最初の試験台となった私は、一面から考へると幸福だ」とする複雑なものであった。そう思わなければやりきれないという思いであろう。彼はまた、アメリカの科学者たちは原子力を兵器としてではなしに、「平和の文化的発明」として人類の幸福のために研究しつつあると信じている、と記している（「原子爆弾」『大分春秋』一九四七年二月号)。アメリカに対する批判が及び腰なのは、原爆が戦争を終わらせたという宣伝が行き渡っているからだろうか。

陸軍船舶一等兵として広島に勤務していた上島大三（会社重役）の場合も同様だった。彼は、宇品から憲兵隊本部に向かう途中、市電本社前で被爆した。気がつくと首から血が流れていた。やがて、「半裸体のもの、焼けたゞれたモンペ一枚の婦人、皮がベロッとむけたみにくい人達ばかり」が避難してきた。彼は憲兵隊に行くのをあきらめて宇品に帰ったが、そこでも建物はすべて全半壊していた。壊滅した広島市を眼前にして、彼はいう。

人智の発達と戦争が、人類を滅亡の淵におい込む証左を私はこの眼を以て見たのである。然し乍《なが》ら若し二発の原子爆弾が、広島と長崎を見舞わなかったら、日本はどうなっていたであろうかを思う時、慄然と肌に粟を生ずるのを禁じ得ない。思えば偉大にして、尊とい犠牲であった事よ。（前掲「原子爆弾の想ひ出」『いしかわ』一九四九年九月号）

彼も原爆が戦争の終結と平和をもたらしたのだと考えているのである。他方、今後永久にこのような惨劇が地上で行われないように願い、平和こそは我々の終生の願いでなければならないとも論じており、複雑な胸中がうかがわれる。

原爆批判と平和の希求

高名な物理学者で随筆家の中谷宇吉郎は核開発に批判的であった。彼は、戦中に日本が核開発に失敗したことを「我が民族の将来の為には有難いことではなからうか」という、核エネルギーが兵器に利用される日が来ない方が望ましいという考えは、一九四一年当時も今も変わらず、今回の原爆の残虐性を知ってからは、これは「人類滅亡の第一歩を踏み出したことになる虞《おそ》れが十分ある」と思い、「科学も到頭来るべき所まで来た」という気持ちになった、とのべている(「原子爆弾雑話」『文藝春秋』一九四五年一〇月号)。科学の進歩そのものに対する批判であった。

科学史家で、戦後鎌倉に住む知識人でつくられた自由大学、鎌倉アカデミアの教授、岡邦雄も、核エネルギーが人類の福祉、産業の発達に貢献するよりも先に、「未曽有の兵器に応用せられ、しかも他ならぬ吾国の都市に於てその大規模な実験が行はれ」たことは、「何としても諦め切れぬ痛恨事」だったと記している。そして、将来、原爆を積んだ飛行機が入り乱れて交戦すれば地球そのものを破壊することになる、と憂慮している(「敗戦後の世相と科学」『科学公論』全日本科学技術団体連合会、一九四六年三月号)。

科学者ではない一般の人びとの反応はどうだっただろうか。一九四五年一一月、「真の平和生」と称する、ある雑誌への投稿者は、高度の文明と道徳を誇る米英が広島・長崎に原爆を投下したことは「戦勝国としての一大汚点」であり、日本政府は今後原爆が絶対に使用されないよう努力すべきだ、と論じている(「原子爆弾を排す」『明朗』春陽堂・東京都、一九四五年一一月号ゲラ。検閲で全文削除)。

短歌雑誌をみると、被爆の実相を歌った和歌が数多く掲載されている。服部直人は「戦ひをここに終へしむ見えがたき原子破壊の大き意志あはれ」と詠み(『短歌研究』一九四五年一一月号ゲラ)、笹山筆野は「断末魔の苦るしき形相そのままに老も若きも命はてにき」と詠い(『短歌長崎』一九四六年七月号ゲラ)、石川一美は「原子爆弾に思はざる傷ありありと残れる伯母と今宵語りぬ」と歌って(『檜』檜短歌会・東京都、一九四六年一二月号ゲラ)その破壊と被害の衝撃を語り(いずれも検閲で削除)、原爆投下に批判的だった。

雑誌『遠州展望』(『静岡展望』の前身)は、第三次世界大戦の危険を感じながら、原子爆弾が使用される戦争が起きたことを考えると恐ろしさに「身の毛がよだつ思いがする」と記している(「原子戦争を防止しよう」『遠州展望』一九四八年九月号)。

小説家、美川きよは、小説「あの日のこと」の中で、広島で被爆し息子を殺された女性の語りに託して、「戦争の好きな人たちの為に、戦争で利益を得る少数の人達のために、善男善女、まして幼ない無垢な生命が殺されてゆくのはどうしてもく〳〵たまりませぬ」と、指導者の責任を問うている。他方、わが子が犠牲になったことを「でもそれが戦争の終止符となり、平和日本の人柱になったのだと思ひ無理にあきらめようとして居ります」という母の言葉で締めくくっている(「あの日のこと」『女性公論』私家版、藤沢市、一九四六年七月号ゲラ)。そう考えることで、やりきれない思いを鎮めようとする苦しい心情が描かれているのである。

雑誌『村』のコラム「時評」は、原爆製造に参加したシカゴ大学のハロルド・C・ユーレイ教授が原爆は世界文化を破壊するものだとして、「原子弾につきての知識は総て忘れ去り、製作所は悉く潰さねばならぬ」と説いている、と紹介した(「時評」『村』「村」刊行会・茨城県、一九四七年三月号)。

熊本工専二年生の堀田貢は、「原子力時代となっては、戦争は文明を進める」どころではなく、「人類が戦争を滅ぼさなければ、戦争が人類を滅す」ことになるとのべ、核の国際管理ができるかどうかが世界平和のためにもっとも重要だ、と訴えた(「偏見」『のろし』熊本工専土木会、一九四八年二月号)。

山口高校の学生、八城正規は、原爆開発について「二十世紀の人間は自己を墓場に追ひやるために、自殺の道具を考へ出したのだ」(この部分は検閲で削除)とし、原子時代は科学の時代の行き詰まりだ、と断じた(「現代への考察」『鴻峯』山口高校文芸部、一九四七年二月号)。

松江市の若者、白井秀夫は「平和の為の平和」を身を以て断行すべきだとする、徹底した平和主義の立場から、つぎのように論じた。

我々は今、天皇護持と云った様な生活から遥かに遊離した感情的な問題に右往左往してゐる時代ではない。今や人間の発見した原子力は人間の歴史上火の発見以来始めての産業革命を生まんとしている。全人類が国家主義的、民族主義的な小さな枠にはまっている限り、人類滅亡の浮目を見ねばならない事は火を見るよりも明らかである。時代は新しい世界観を要求している。即ち闘争なき社会を要求している。（「日本は今後如何に変るべきか」『千鳥』昭和一五年卒業島根師範附属小学校同窓会・松江市、三号、一九四八年〔刊行月不明〕）

彼は、主権国家の枠を越える新しい世界観を確立しなければ、人類は滅亡から逃れられないと危機感をいだいているのである。

福垂青年団の分団長、向井正次は、原爆・敗戦・武力放棄という順を追って、世界に先んじて武力を放棄した日本は、再び戦争が起こらない「平和的文化的社会」を創造すべき世界史的使命を負っていると論じている（「発刊の辞」『垂水文化』福垂青年団垂水分団・広島県瀬戸田町、一九四八年七月号）。

しかし、一九四九年になると、冷戦が進む中で原爆への期待論も出始める。八月八日の『大阪新聞』には「紛争はすべて国連で民主的に片付けよう。極東の赤化を防ぐには原爆の一撃が待機している」という記事が載った。これに対して、住友倉庫のある職員は、原爆を使用することを何でもないことのように考える非人道的な態度に「胸さわぎ」を覚え、「もう一度ピカドンの惨劇を思い出してみよう」と訴えている（「社会時評ノーモア・ヒロシマズ」『閃光』住友倉庫職員組合・大阪市、一九四九年九月号）。

同じ頃、山陽電軌労働組合（下関市）の柘植かつ代は、自らの空襲の体験を振り返り、広島で被爆し、全身の皮がむけて亡くなった子をみとった母親の話を聞いて、戦争反対の気持ちを固めていった。夫を失った妻、兄弟を失った人のことを思い、「国々の婦人が手をつないで平和の為めに本当の斗いを開始しなければならない」と記している（「平和を望む」『推進』山陽電軌労働組合青婦部・下関市、一九四九年三月号）。

被爆者の反応はどうだっただろうか。広島の被爆者、吉村忠義は、夏の暑さにつけ、入道雲を見るにつけ、被爆当時の惨状と恐怖が思い出され、我に返ると手が汗ばんでいる自分に気づく、というＰＴＳＤ（心的外傷後ストレス障害）になやまされていた。その彼はつぎのような疑問を記している。

原子爆弾の出現により世界に再び平和がやってきたことは事実であるが、肉身《ママ》を失ひ、家を焼かれた広島市民には、この爆弾の出現が平和を招来した幸事か、犠牲に供せられた不幸事か判断に迷ふのである。（「広島戦災一周年記念を迎へる」『太玄』太玄会・広島市、一九四六年一〇月号）

原爆が平和をもたらしたという言説に強い影響をうけながらも、自分たちは犠牲にされたのではないかと思うほかない、納得できない心情がよく示されている。

広島で被爆し、また中学生の息子を失った山本康夫は、子どもを奪った「戦への恨み」が衰えることなく、日々とぎ澄まされていくように感じていたが、彼にとって唯一の安らぎの言葉は、「原子爆弾で倒れた広島の戦災死者こそ世界永遠の平和の使徒である」というものだった。彼は、誰かが「光栄ある人類繁栄への犠牲」を負わなければならなかったと考えると、ためらいもなく死者を神仏として拝むことができるようになった、という（「原子爆弾の頃」『瀬戸内海』浜根汽船株式会社・尾道市、一九四六年八月号）。

先述した万年スレート広島工場長の葉山耕三郎は、爆心地から六キロの工場で被爆した。工場は大破したが、即死者はなかった。翌日広島市役所に出かけて、市内の惨状を実見した。それは「人類掃滅の悪魔のいたづら」のようだった、という。彼は、「こんなものは将来毒瓦斯《ガス》と同様」使用を禁止すべきだ、とのべている。広島工場は休業閉鎖となったので、全員を解雇した。大日本帝国の崩壊と同時に自分の仕事も休止となったので、原始日本の美しさを感じて生活しているが、残された仕事は「平和国家としての建設あるのみ」だ、という（前掲「身をもって体験した広島の原子爆弾（続）」『二豊』一九四六年六月号）。

キリスト教系の雑誌『時兆』は「原子爆弾はさゝやく。「君達はまだ何も知らないのだ。次の戦争を待ち給へ。」と」という、アメリカの小説家、ニュートン・ブース・タ－キントンの不気味な予言を引用しながら、原子爆弾は我々を無限の世界に直面させた、それは「地球全体に及ぶ一大崩壊の可能性」を裏書きするものだ、と論じている（「原子

力！」『時兆』安息日再臨教団・東京都、一九四六年一〇月号）。

この教団の森田貞光は、広島の爆心地から一六キロの山中で閃光と爆風・キノコ雲を目撃し、二人の子どもや勤務先の会社を案じながら、市内にむかった。彼はかつて中国での激戦後、多くの死体が散乱する凄惨な場面を何度も目撃したことがあるが、ようやく市の北部にたどりついた時、目前に現れた光景はそれ以上であった、という。二人の子どもは建物の下敷きとなったが、奇跡的に脱出して帰ってきた。当局は原爆を「曳火性高性能爆弾」といって被害を隠そうとしたが、彼にとっては世界の終末とキリストの再臨を感じさせるものであった、という（「原子爆弾の思ひ出」『時兆』同前）。

戦後に長野県佐久地区労働組合会議議長になった中島勝治は、戦中に広島の宿泊所で被爆した。倒壊した家屋から抜け出すと己斐町の方へ逃げた。東京にいた時に深川で空襲を経験していたので、川に入るのは危険だと思い、揺れる橋を渡って避難した。その後、白血球が減少していったため、死を覚悟したが、一一月末からは回復してきたので、なんとか死はまぬがれた。彼は、数多い戦争犠牲者に報いる道は「戦争を再び繰り返さないことだ」と考え、そのためには日本の民主化に献身することだと思って、労働運動に飛び込んでいった（「原爆実話　平和呼ぶ死の行進」『月刊信毎』信濃毎日新聞社・長野市、一九四九年九月号）。

中島の体験記を載せた『信濃毎日新聞』の編集者も、第三次世界大戦が起こると原爆使用により人類が滅亡することになるので、自らの意思で戦争放棄を選んだ日本人は「戦争にまきこまれることの阻止」と「ヒューマニズム擁護」のために、闘わなければならないが、それのみが「過去に犯した日本人の罪」を償う唯一の道だと論じている（同前）。

多くの軍艦を建造してきた三菱重工長崎造船所の職員、田口秋蔵（基本設計課）は、原爆投下について、人類に幸福をもたらすべき科学の進歩・発達が人類を「死滅の危機」に曝すに至ったとして、国際文化都市としての長崎の建設に際しては、このような惨禍を再び繰り返すことがないように「恒久平和確立」の崇高な祈念を表彰したい、とのべている（「国際文化都市建設に際して」『くすだま』三菱重工長崎造船所・長崎市、一九四九年八月一〇日号）。

呉市広警察署長の久城革自は、当時広島市警察部防空本部員だったので、本部のあった広島市役所で被爆した。鉄窓の下敷きになり、後頭部に破片創を負ったが、何とか脱出して連絡・救助に飛び回った。その彼は、十数万の犠牲者を出すに至った原因を反省したとき、「何としても世界の絶対的恒久平和」の実現が必要だと感得した、という（「地獄の街を往く」『警察文化』広島管区警察学校、一九四九年八月号）。

このように、未曽有の惨劇にみまわれた人びとは、その惨劇を繰り返さないために、戦争放棄と平和実現の意志を固めていったことが分かる。これは大変貴重なことだった。

ただ、その中で、対アジア侵略戦争の事実を踏まえて、平和を構想するという発想が、『信濃毎日新聞』編集者のようなケースを除いて、ほとんどなかったことも事実である。

原爆の国際管理と世界国家論

原爆投下が人類絶滅の第一歩だったという意識が生まれると、それを防ぐためには、核の国際管理と世界国家・世界連邦が必要だという意識も大きくなっていった。国際法学者、横田喜三郎東大教授は、世界国家論は昔からあったが、原爆の出現で特別の意味をもつようになった、という。

今度原子爆弾が現れるに及んで、もう単純な人道とか理想とかの問題でなくして、科学の現実の要求となりました。非常な破壊力をもった武器が現れた場合には、人類や文明が生き残るためには、何か強力な国際組織を創らざるを得ない。さうでなければ人類の破滅が起る。これは科学の要求で、単なる思想の要求だけではない。……この科学の要求によって、いはゆる現実の基礎を世界国家が与へられることになるのです。(前掲「原子力時代と日本の進路」『言論』一九四六年九月号)

横田は、人類の生き残りのためには、世界国家が必要で、これは科学の発達が必然的にもたらしたものだ、と論じている。また、横田は、さらに進んで、日本は戦争に負けたから戦争放棄もやむをえないという消極的な態度ではなく、「もっと真剣に、軍備を絶対に造らない、戦争も絶対にしない、さうして国際的な鞏固《きょうこ》な組織、世界国家の建設によって平和の裡《うち》に日本の文化的発達を図るといふことを考へなければいけない」と論じている。

彼は、学生の時、東大教授で大正デモクラシー運動のリーダーだった吉野作造から、ルクセンブルクという国は「非常に豊かで国富み民足りて非常に愉快で、あんな小さい国だけれど生活は極めていい」、「その理由は、あすこには軍備がちっともない。日本も軍備に金を使はなかったらどんなにわれわれの生活がよくなるかも知れない」という話を聞いたことがあるという。そこで、今まで軍備のために使ったエネルギーや物資を平和的な方面に使えば「日本は相当に楽になって伸びる」と論じている(同前)。非武装発展論である。

評論家、新居格は、ユネスコの平和主義に共感し、永久平和はもはや夢想ではないと確信して、米ソ対立の中であっても、それを現実化しなければならないとのべている。彼は、それが夢想ではない根拠を、人類が成年期に入ったことと原爆の出現に求めた。

原子爆弾がさらに強力な破壊力をもつように進歩したであらうことを思うとき、それが戦争に用ゐられたとするならば、それこそ人類は自滅することになるのは必然だ。さうだとすれば、少しく物を考へることの出来るものである限り、戦争は断じて繰返してはならないことが分る筈だ。そして、そのことは永久平和に生きる以外に世界人類には途がないことを余りにも明白に示す。(「ユネスコと平和主義」『民主教育』日本経国社・東京都、一九四八年四月号)

新居は、人類が原爆を開発するまでに科学が進歩したとするなら、人間思想もそれに並行すべきだというのである。原爆については、その恐ろしさが永久平和への確信という思想を生んだとすれば、その出現に感謝すべき理由がある、とまでのべている。そこで、ユネスコがいう「心の中に平和を打ち立てる」という理念に共感したというのである。

日本社会党の参議院議員、吉川末次郎も同様の認識に達していた。彼は、これからの平和論は「原子爆弾の発見によって、今後戦争を為すことを不可能とされている」という歴史的事実を基礎にしなければならないという。そして、エメリー・リーヴスの世界政府論や、ジョン・デューイの単一世界社会論を援用しながら、「人類が地球上に生存するか死滅するか」が政治の根本問題であるとして、今度の戦争で「大衆は親を失い、子を失い、夫を失い、家を焼かれた。大衆は財産を焼かれ、原子爆弾の犠牲となった」ため、「大衆は平和を欲」しているが、この平和欲求はさらに組織化され、理論化されなければならないという。吉川は、社会主義のためにではなく、それをこえて人類絶滅戦争の防止のために闘わなければならない、と論じた(「空想的平和主義より科学的平和主義へ」『社会思潮』日本社会党、一九四八年四月号)。

ところで、横田の議論には、原爆が世界政府をもたらす、というように受け取られかねないニュアンスがある。これについて、文学者の杉捷夫《すぎとしお》は、横田を批判したものではないが、つぎのようにのべている。

> 原子力は、戦争を絶滅させるのではなく、我々がいっさいの戦争に反対する理論的根拠を提供したものであり、戦争を絶滅させるための我々の努力に根拠を与えてくれたものである。戦争を防ぐのは我々であり、我々の一人一人である。そして戦争に反対する一人一人の人間の団結である。……戦争に反対するという一点で手を握ることのできるいっさいの人間は手を握るべきだ。（「クレド」『個性』思索社・東京都、一九四八年七月号）

原爆の出現にではなく、原爆による人類の絶滅を防ごうとする人びとの主体的努力に期待しなければならない、というのである。彼は、原爆の出現によって「いっさいの戦争に反対しなければならぬ」という信念をつかみえたと感じたから、このようにのべているのだ。こうして、核兵器の出現とその高性能化は、戦争放棄論の必要性を多くの日本人に確信させることになった。

第3章　平和意識の獲得

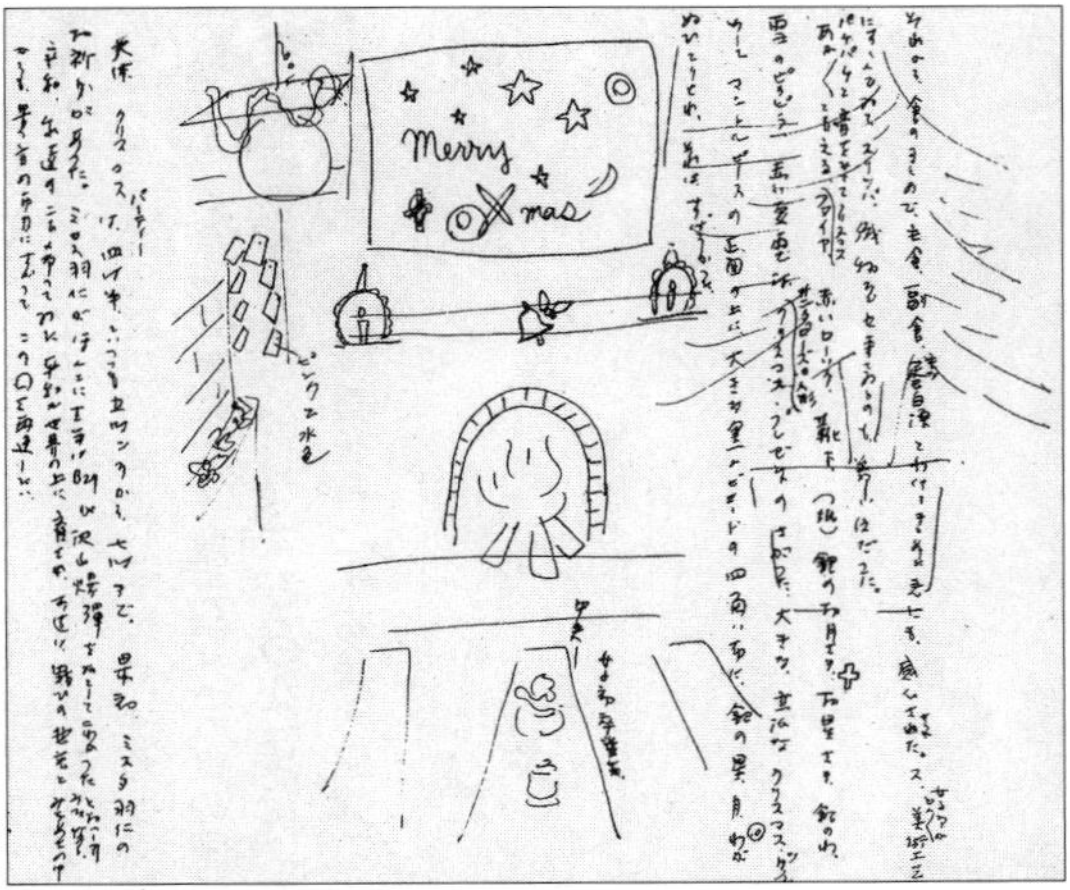

平和の尊さを確認する「青木祥子日記」1945年12月23日の記述(島利栄子氏所蔵).

本章では、民衆自身が書いた日記を手がかりとし、伝統的な民衆意識の持続とその変革(自己変革)という側面から、「平和」についての意識を中心にさぐってみよう。登場するのは、いずれも空襲を体験した三人で、戦後に砥石屋として独立する敗戦時二〇歳の若者、横浜臨港の高島駅に勤務する敗戦時二五歳の国鉄職員、中島飛行機武蔵工場に勤務する敗戦時二二歳の女性職員(敗戦直後に解雇される)で、いずれも修養を旨とする民衆道徳の体現者である。

1　ある砥石屋の体験

一　戦後の出発と平和への期待

横浜大空襲と召集・敗戦

横浜市に住む松下重喜(一九二五年二月生まれ。敗戦時二〇歳)は、家業の砥石屋で働いていたが、一九四三年五月から日本製鋼金沢八景工場の徴用工(フライス工)となった[1]。しかし、兄が海軍に入隊したので、時々、工場を勝手に休んで、家業に従事していた。実家は海軍に砥石を納入していたので、転廃業されずにすんだのだ。徴兵適齢が一九歳に引き下げられたため、一九四四年には徴兵検査を受けた。翌年五月には召集令状が来た。

一九四五年五月二九日の横浜大空襲では、松下は必死で消火に努めたが、家の中が火の海になり、店も火炎に包まれた。燃え落ちる仏壇を見ながら、これが我が家の最期かと思うと、くやし涙が流れた。「此の敵き《ママ》必ず軍人となった暁き、倒れる迄も戦ひ抜き、討たで置かん」と誓った。町が火の海になっている中を南にむかって逃げ、三吉橋のたもとにあった大きな壕に逃げ込んだ。

オキ火のような火が降りそそぎ、息苦しくなって、鼻水や涙が流れた。壕の中にはかなりの人がいたが、そのうちの一人が念仏を唱えると、みな合唱をはじめた。約二時間、激しい空襲が続いた(以上、六月一〇日の回想から)。

これが松下の戦争体験のひとつの核をなすものだった。まもなく六月一日、彼は溝ノ口の東部第六二部隊に入営した。横浜の伊勢崎通りに並んだ、罹災した人たちの万歳の声におくられるという悲壮な門出だった。部隊では爆雷を抱いて突っ込むという対戦車特攻訓練を受けた。ついで、神奈川県淵野辺の練習隊(陸軍機甲整備学校、戦車整備兵)に移り、敗戦はここで迎えた。あまりの落胆で、半月の間日記が書けなかった。ようやく筆をとった八月三〇日には「必勝不負《ママ》と信んずる神国日本が科学戦、物量戦に破れ、敵国の軍門に降ったのである」と記している。

九月一二日に復員したが、空襲で焼け落ちた実家はかろうじて再建されたバラックとなっており、三畳一間しかなかった。ここに家族五人が住むのは無理なので、横須賀市追浜に土地を借り、なんとか家を新築し、一〇月一九日からここに住みはじめた。

敗戦直後の生活

松下は横浜の砥石店を母からあずかり、資金も両親から借りて営業するようになったが、この頃の生活と思いはつぎのようなものだった。まず、砥石を購入し、面付けをし、それを卸販売する砥石業を再開した。この仕事は当分やりきれないほどあり、元気で働けることは有難かった。食料の配給はとてもたりず、やりきれなかった。海軍から帰った兄は徹底した個人主義者になっており、たとえば缶詰を買って帰っても、金を出さなければ家族にも食べさせなかった。母は父と不仲で、いつも家族に当り散らしていた。姉は、派手な化粧をして、アメリカ兵と同棲するようになり、やがて一緒に水商売を始めた。松下は、このような姉を哀れだと思った。家族それぞれが戦争によるトラウマを抱え込んでいたのだ。彼は孤独を愛するようになり、横浜のバラックに一人で泊まることが多くなった。

　将来の事に就《つ》き色々と頭をなやますが、結極〔局〕若い内が花である。あまりくよ〳〵せず、遊べる時は遊んでをけと決った。生〔青〕春の若さを満喫すべく愉快に過す事にしよう。（一一月一〇日）

外交（営業）で、やる気が起きない日は横浜や横須賀の街に出て、映画や芝居を見ることが多かった。花街にも行くようになった。

しかし、次第に安定した生活をもとめる気持ちが強くなってくる。一九四六年の年頭には「苦労感謝」と記した。「今年はうんと堅くやり、大いに貯蓄心を起」こそうとも思った（一月二日）。家の中はごたごたした諍《いさか》いが続いていたが、あたたかい家庭的な生活がほしいとも願っていた（一四日）。

新円切替え後の苦労と「極楽」

一九四六年の年頭までは、市役所への砥石の納入があるなど、好調だった。しかし、激しいインフレに対処するために二月一七日に金融緊急措置令が出され、新円紙幣が発行され、旧円預貯金が封鎖されると、経済の見通しがつかなくなった。みんな模様眺めとなったため、家業の砥石屋も休業同然に追い込まれたのだ。

しかし、悪いことばかりではなかった。五月には、横浜の家が新築され、ここに、母・弟・妹(二人)と住むことができるようになった。空襲罹災一周年の頃に、岡の上から横浜の町を眺めると、電気の灯で明るく、美しくなっていた。

> 三日月が静かにやさしく下界を照している。何んの苦労も無く、先づ最近の境遇は極楽時代であらふ。今ま少し苦営(労)に突撃して見度《みた》い。苦営をして現在より一増(層)〱向上した人間になり度い。(六月五日)

砥石屋稼業は相変わらず思わしくなかったし、食料不足はつらかった。不足を補うため、ナス・カボチャ・トマト・ウリなどの野菜を作り始めた。しかし、戦争中のことを考えれば、今は極楽のようにも思えた。砥石の面付け、配達、集金と毎日忙しかったが、元気で働けることを神仏に感謝したいと思っていた(二六日)。

七月に在庫の整理をしてみると、鎌砥石が三三、大砥石が一三、合計で四六甲あり、その原価は三四五〇円、売上げで六九〇〇円と見込まれた。これが彼の全財産だったが、これを年末までに一万円にしたいと思っていた(七月二九日)。このほか、闇の砂糖や電球などを販売して小銭を稼ぎ、なんとか暮らしていた。

保守的立場からの平和への期待

松下の政治的立場はどのようなものだったのだろうか。一九四五年一〇月一三日の日記には、敗戦の罪を負って杉山元《はじめ》陸軍大将などの大人物が次々に自刃しているが、東条英機大将は自刃しそこなって、国民の非難の声があちこちからあがっている、と記されている。東条元首相には批判的だったのだ。また、憲法は自由主義に改新され、朝鮮・台湾・樺太は取られるので、半年先はすっかり変わった世の中となろうと将来を的確に予測している。

一九四六年二月二〇日には、映画「真実一路」を見た感想として、戦前の児童は学校でドッジボールをして遊んでいたが、今の児童はそれもできずかわいそうであり、「戦争の如《い》かに罪なるかを深く感じた」と記されている。戦争が民衆にもたらす惨害から、それが罪だと捉えるようになっている。

総選挙中の三月二一日には、小此木歌治候補(自由党)の演説を聞きに行っている。小此木候補は定数一二中第四位で当選した。復員一周年の九月一四日には、「現在の幸福を一増〔層〕深く感じ」、わざわざ軍服を着て記念写真を撮っている。これらをみると、彼は保守的ではあるが、現在の平和な生活をとても大切に感じていることが分かる。

一九四七年四月二〇日に行われた最初の参議院議員選挙には、投票に行って「義務を果す」と記している。選挙は権利というよりも、義務として意識されている。また、投票率が五割を切ったと聞いて、「衣食たりて礼節を知る」というのに、国民の不熱心には困ったものだ、と感じている（四月二一日）。二五日に行われた衆議院議員総選挙（神奈川一区）では、民主党の高橋長治に投票した（高橋は第三位で当選。一位は社会党の松尾トシ、二位も社会党の門司亮）。労働運動には、停電、市電のスト、郵便の遅配などがあるため、批判的だった。松下にとって、世界情勢も無縁なものではなかった。

> 明〔日〕をも知れぬ不安な国祭〔際〕情勢下にあって、今ま世界はアメリカ資本主義とソ聯共産主義の二つにはっきりと別れ風雲急を告げている。戦は今や原子戦時代である。此の日記帳を書き終らぬ内に又世変《ママ》が来る様な予感もする。（一九四八年二月一九日）

彼は、核兵器が使用される新しい戦争の勃発を恐れていたのだ。

日本国憲法はどう思っていただろうか。一九四六年一一月三日の日本国憲法発布の日には、「心から佳き日を祝ふ」ために仕事を休んで、休養している。一九四七年四月一四日、中等科（夜間中学校）に入学したが、五月六日には、学校の授業で憲法の解釈について説明を受けている。七日には、先生の話を静かに聞けぬ生徒を追い出すのではなく、このような生徒を一般の生徒の水準に引き上げるのが我々教職員の任務だ、生徒諸君は自分の個性を生かし主動的たれ、という訓示を校長から聞いて感動している。その翌日、彼は、どうすれば良い結果をえることができるかと自分も考えているが、考えれば考えるほど「面白い世中《ママ》が開けて来る」、考えることは仕事だけでなく、何事にも重宝である、と記している。新しい憲法の下で、個性を生かし、主体的に行動すれば、新しい世界が開けてくるという展望を、彼はもつことができたのだ。

　松下は、自分のことをおしゃれで、軽薄で、俗にいう「トッポイ」性格だと考えていたが(一九四七年六月二〇日)、政治的には保守的で、性格的には「トッポイ」大都市の若者が、新しい憲法を主体的に受け入れ、戦争を恐れ、平和をねがっていることが確認できる。

二　不況下の営業と「戦争と平和」観

砥石の営業

　一九四七年に父母が離婚し、新しい家庭を持った父は、同じ横浜に砥石店を開いた。兄は結婚し、一九四八年には独立して川崎に砥石店を開いた。アメリカ兵と別れた姉は、別の男性と結婚して神奈川に砥石店を出した。

彼があつかう商品は、金剛砥石・青砥石・合砥石・金剛砂・布ペーパーや、払下げを受けたグラインダーなどであり、卸先は、横浜・川崎のほかに、小田原・清水・富士・沼津・静岡・川越・久喜・大宮・川口などにあり、砥石の面付け・配達・発送と集金が主な仕事だった。横浜市内は自転車やリヤカーで届けた。仕入れや卸先の開拓のために、時には仙台や京都・大阪にも行った。

休日には、よく映画館に通った。黒沢明監督の「酔いどれ天使」は三度も見に行っている。また、小学校以来の友だちとピンポンをしたり、酒を飲んで騒いだりするのが好きだった。夜間中学校では、数学・簿記や生物などを習うのが楽しかった。友だちとの会話も楽しみだった。この学校は、翌四八年三月に卒業することができた。ついで新制の高等学校に入学したが、仕事が厳しくなり、一カ月通っただけで、中退する。

一九四七年の暮には一万円の借金をし、衣類を質にいれて、金剛砥石を仕入れている。それでも、七七〇円の現金を手にして年を送ることができた。一九四八年の正月は近来にないよい気分で友だちと飲み歩いた。

昨年に引き続きいかなる困難も自分を鍛へる有難き鞭《むち》と思ひ、大きな困難と大きな成果を望むものなり。大いに苦しもう、今年も又。(一月一〇日)

苦難に負けず、修養を積むというのが目標だった。「たゝかれても忍ぶ深さを養ひ度い」とも思っている(一日)。彼は、当時の多くの若者と同じように、自己鍛錬と修養を目指す民衆的道徳を体現し、それを実践する一人だった。

不況の下での苦闘と独立の夢

このような覚悟をしても、経済変動は厳しくのしかかってきた。一九四八年二月頃には、汽車・電車・郵便料金が一〇割値上げとなり、七月には、貨物の運賃は一気に三・五倍になった。物価も軒並み値上がりして行き、砥石の商売も先が思いやられた。しかし、力の限り仕事に精を出すことは心から楽しかった。また、ギクシャクする家庭の中で、彼は道化者として、明るく楽しく振舞おうとした。

彼は、五月頃から独立して自分の店を出す計画を練り始めた。しかし、いつも荷を負わされて坂道を登るような息苦しい生活が続いており、父も母も融資してくれなかったため、感情的に落ち込んでいった。時計を質に入れて、友だちと飲み歩くようなすさんだ生活になった。この頃の彼の夢は平和で庶民的な家庭生活だった。

世人の知らない南の島で、島の住人、俺れらの一家／好きな女房に、可愛い子供、一家四人で皆元気／元気で働き、野に山に、今日は海辺で魚な《ママ》取り／こんな暮しがして見たい（五月二七日）

経営困窮の原因のひとつは、大資本の同業者が復活・開店したため、薄利多売競争となり、小資本の松下らが苦しくなったことであった。折からの不景気で、集金もままならない状況だった。

この間、一九四八年二月に片山内閣が総辞職し、一〇月には昭和電工事件で芦田内閣が倒れ、第二次吉田内閣が成立した(首相指名は一四日、組閣は一九日)。しかし、松下は、この内閣もいつまで持つのやら、国民の信頼が遠く離れ去った今日、誰がやってもダメだと感じている(一〇月一六日)。

それでも、年末には、営業がやや好転し、金銭の融通のための民間の互助組織である無尽《むじん》で四万円借りることができた。貯金も少ないとはいえ、三四二〇円になった。このような中で、独立の住宅や新店舗建設を構想するようになる。

松下の「戦争と平和」観

一九四八年六・七月の日記帳の巻末に四ページほどの小論文がある。彼の戦争観が窺えるので、これを見てみよう。つぎのように論じている。

我々は、過去に教えられてきた歴史と、敗戦によってはじめてたどり着いた「自由の高原」から見渡す歴史との違いに、今驚いている。一般庶民が歩いてきた道と、「一部の指配《ママ》階級」が歩いてきた道がいかに違っていたかをはじめて知ったのだ。「天の岩戸」とか、「八叉《やまた》の蛇《おろち》」などの物語は八歳の童子の読むおとぎ話に過ぎないのに、これを真実と教えられ、反論が許されなかったことを不思議といいたい。このように天皇を祭り上げることは、天皇を利用し、一般大衆の大部分である農民に苦難の生活を強いることとなった。

この支配階級の権力が昨日まで続き、「大東亜戦争」となって、我々民衆は多くの犠牲と苦しみを受けたのだ。「敗戦と言ふ荒野の中に初めて我々民衆の時代が取り返されたのであった。今度こそは二度と再び渡すまい」。武士という支配階級の後を継いだ者が財閥と軍閥であって、彼らが明治以来、幾多の戦争を巻き起こし、ついに今次大戦となった。

今や、我々民衆は、外国に助けられて、「自由の高原」にたどり着いた所で、民衆の歩んできた道と、支配階級の歩んできた道がいかに違っていたかを、裏から表から見直し、我々の子孫が二度と再び一部の支配者のために苦しめられることのないように、教え伝えなければなるまい。「今ま敗戦と言ふ荒涼の中にも、自由と言ふ曙《あけぼの》を見ひ出し、皆な平等、権利、債〔責〕任のある自由、義務を正しく学び、真に我々国民の歴史の道を切り開くために、力強い第一歩を踏み出そう」。

彼はこのように論じているが、ここから、大企業や労働運動などの大組織とは関係のないところにいる民衆の中にも、平和と自由・民主主義に関する力強い信念が生まれていることが確認できる。彼は、連合国軍総司令官マッカーサーのいう平和主義と民主主義にも心ひかれていた。

町は日々新らしく建設され、罹災の後〔跡〕も次第に薄れて行く。人心も一時の退廃もようやく自由主義のプロ〔ラ〕カードを押し立てゝ正しき解釈(曲解正解色々と過渡期の昏乱《こんらん》もあったが)の元に日一日と復興し、心嬉しく思ふ。昨日、ポタツ〔ツダ〕ム協テイ三週年記念に際し、マァ《マ》カサ《マ》元帥の言に日本は今、世界のオハシスとして生育していると。我れ等は日々世界の現実を見る機能もなく、自分各自が幸ひを忘れ勝ちであるが、此の言葉に目ざめ、一増〔層〕感謝せねばならぬ。(九月二日)

マッカーサー元帥は、戦艦ミズーリでの日本の降伏文書調印三周年を期して、九月一日に声明を発表したが、その中で、世界各国は三年前に、日本に「民主主義的理念の防壁」を打ちたてるという誓約をした、その後、日本は「神聖な平和に捧げられた平穏で秩序のよく保たれた社会」を持つに至っており、混乱と惑乱の世界にあって全体主義を防ぐ静穏なオアシスとなっているとのべている(『朝日新聞』九月二日)。松下は、マッカーサーのこの言葉に感激し、自由で民主主義的で平和な日本をよしとしたのである。

三　経済安定九原則下の苦境と朝鮮戦争観

一九四九年——苦難の年に

自立のために、住宅を建てようという松下の計画は、父母の反対や非協力で実現しなかった。資金繰りができないため、一九四九年の正月早々に、彼は自宅新築をあきらめるほかなかった。父とは絶交状態となり、再び目的を失い、酒やダンスにおぼれ、砥石を地方に送るために利用した日本通運の運賃も払えないような窮状になった。前年の一二月にGHQから経済安定九原則が出され、四九年三月以降超均衡予算などを指示するドッジ・ラインが出されたこともあって、デフレの時代が始まり、経営は一層不振となった。

このような中で、新しい希望が沸いてきた。川崎の兄の店に、二人の女店員が入ったが、そのうちの一人に恋したのだ。「初めて合見る君は我が想造〔像〕の国の天使となりて僕をさそって行く」(六月一七日)。交際を始めて、一緒に鎌倉に行き、映画「青い山脈」を見たりして、「大きな喜びと責任」を背負って立ち上がろうと思った。こうして、八月三日、伊勢山皇大神宮で、二人だけの私的な結婚式を挙げた。

しかし、一緒に住む住宅はなく、新妻が松下の母の家に週二、三回通うという、変則的な生活になった。「人生中最も念記《ママ》すべき結婚も負債に苦しみ、集金に苦し」むという状態で(八月三一日)、借金返済のため、質屋に通うこともあった。とはいえ、苦しいけれども恋人同士の甘い、楽しい新生活であった。早く独立して自由な天地を求めたいという気持ちが一層募ってきた。

負債滞納は九月には一万七〇〇〇円にもなった。「浮世の鬼に追かけられ、逃込む道を求めつゝ西へ東へ走らにゃならん」(二八日)という状況に追い込まれたのだ。これに税務署からの納税督促が加わって、一層厳しい状況となった。

一〇月には、東京で貸店舗を探してみたが、価格は一〇〇万・一五〇万という高値で、とても手が出なかった。このころ、川崎の兄の経営だけでなく、父の経営も苦境に陥っていた。そこで、破局につながる金融問題が起こる。

破局

一九五〇年の正月は苦境の中で迎えた。元旦の日記にも、如何なる困難も己を鍛える鞭と思い耐えよ、倹約・節約に無我夢中たれ、と記した。しかし、神奈川・鶴見・川崎・大島と昔の得意先を廻ると、どこも不景気で変わり果てており、注文はとれなかった。

やむなく、一月一六日から、外交で小売の売込みを試みることにした。魚屋・大工・床屋・靴屋など砥石を必要とする店を数え切れないほど歩き廻った。声がかれるほど外交をして、六五〇円を売り上げることができた。翌日も店を廻ったが、調子よくポンポンと話し込んで廻るのはとても愉快で、自分ながらよくもこう舌が廻ると思うほどだった。三日目の売上げは二一五〇円にもなった。しかし、これも長くは続かなかった。

夫婦のための借家を探し始め、二月一日に新居に引っ越した。ようやく二人だけで暮らせるようになった。生活が厳しいので、妻にも助けてもらうため、砥石の面付けの作業を教えた。経営のために、また新しい家庭のために、取引先から借金をしていったが、返済期限がきても返せるあてがなくなり、次第に追い込まれていった。

引っ越しした二月には、商品原価七万円・負債五万円・衣類家具四〜五万円があった。借家のために権利金一万円・家賃三〇〇〇円が必要だった。そこで、父から七〇〇〇円、取引先のAから金利一五％で五〇〇〇円借りた。しかし、返済は父がAから借りた金で行った。また、父からの借金はAから借りて返した。当然ながら、このやり方は行き詰まっていった。そこで、母に保証人になってもらい、Bから借金して、Aに返済した。以後、Bからの借金はAの金で返し、Aからの借金はBの金で返すという自転車操業となった。

このような時に、Aから借りた金から二万円を、兄に強引に頼まれて融資してしまった。この金は返済不能となり、彼はA・Bだけでなく、母にも迷惑をかけることとなった。進退極まった彼は、ひそかに引越し荷物と砥石二五俵を駅に出し、集金を済ませて夜逃げを決行した。新潟市に着いたのは九月一日であった。この日から、砥石店経営を軌道に乗せるための苦難の生活がここで始まる。六月二五日に始まった朝鮮戦争の影響で、日本経済はやがて回復に向かって行くが、彼にその「恩恵」が及ぶのは、ずっと先のことである。

松下の朝鮮戦争観

経営は苦境の中にあったが、松下は楽観し、感謝しながら生きようと思った。新聞やラジオから、時々、耳をそばだてるようなニュースが飛び込んできた。一九五〇年六月三日、人民大会事件の判決を聞いた。五月三〇日にデモ隊と米軍の間で衝突があり、日本人八名に対し五年から一〇年の実刑判決が下ったのだ。これについて、彼は「馬鹿な判決があったものだ。この問題が内面的に日本人の心ある人の心に大きく響ひた事であらふ」と記している。被告に同情的だったのだ。

朝鮮戦争については七月から記述が現れる。六日には、「北戦《ママ》軍は良く戦ふ。弱き者に同情する心理が頭を上げて北鮮軍の奮戦を喜ぶ」とあり、北朝鮮（朝鮮民主主義人民共和国）側に同情的だった。また、「昨日の傷さ《ママ》も忘れてか／今日は昨日の繰り返し／戦さごっこの大好きな／お人が西と東にて／北と南の朝鮮で」という詩を記しており、戦争そのものに批判的だった。七月一四日にはつぎのように記している。

あの戦の悲劇を忘れてか、又悲劇を造っている。無□抗主義のガンージ《ママ》こそ人類の尊敬され、最も幸福を示した大偉人と言へるであらふ。刃物には刃物を持って答へると言ふ現在の東西指導者に委ねて何時になったら平和が訪れるであらふ。近かき将来に我々は又世界人類の大悲劇を見んとしている。政府よ、日本人の凡てよ、加

〔わ〕るな。此の上の不幸をさけよ。

これは、核時代に新たな世界大戦が勃発することを恐れ、無抵抗主義のマハートマ・ガンディに学び、日本人に新たな戦争に加担するなと願う、無名の民衆の心からの叫びだった。倹約・節制のために新妻に二宮尊徳の本を贈るような、保守的な日本の一民衆の心中深く、平和主義が根を下ろしていることが確認できる。

四　朝鮮戦争下での生活の立て直しと戦争観

新潟での新生活

一九五〇年九月に新潟駅に着いた時、彼の財布には一〇〇円しか残っていなかった。一杯のウドンを食べて無一文になった。そこで、地元の店に行き、話し込んで、何とか泊めてもらった。四日、駅に到着した荷物のうちから、衣類を出して質に入れ、四〇〇円を手にした。砥石は面付けして配達し、五日に七五〇円をえた。六日には家賃一〇〇〇円の家を借りた。妻もやってきて、仕事を手伝ってくれるようになった。

生活は苦しく、食うや食わずの状態が続いた。卸だけではやっていけないので、早く店舗を持ちたいと思った。妊娠していた妻は、五カ月をすぎると、人の目につくようになった。一〇月に入って、売上げの一五％を支払う条件で、ようやく好人物の大家から店舗を借りることができ、何とか見通しが立つようになった。「店も売れる日、売れぬ日と様々であるが、有難い事に次第に上昇して来る。一〇〇〇円を突破する日もあり、益々自信がもてるようになって来た」（一一月一〇日）。売上げが上向きで、希望がもてるようになったのである。かつての横浜の仕入先の人に住所をつきとめられたが、旧来の負債は一時がまんするから、今後は現金で仕入れるようにという有難い恩情を受けることができた。

それでも、運送屋への運賃の支払い、家賃や電気代の支払いなど、お金の工面に苦労する日々が続き、心労のあまり、殺気だつ日や、妻に小言をいう日も少なくなかった。冬になると、人出がなくなり、商品を外に出すこともできず、売上げはほとんどなくなった。

しかし、彼はくじけなかった。「人生は楽天的であるべきなり。楽しき一日、楽しき一月、楽しき一年を重ねて人生を過す事こそ処世の道〔の〕要定《ママ》かも知れん」（一二月二三日）と楽天的に考えて生きようとしていた。困難は試練だと思って感謝するように努め、雪の降る中をいとわず、外交や配達に出かけていった。

生存をかけて

一九五一年の年頭、松下は「凡そ幸福とは悟るにあり」という所感を記している。これは敗残的あきらめかもしれないし、一生かけても到達できない人類未踏の境地かもしれないと彼は思ったが、苦難をなんとか乗り切ってきた今、これが正直な感慨だった。

立つか倒れるかという人生の岐路にあって、彼が抱える課題は、第一に営業の本格的推進、第二に安定した住宅の確保、第三に三月に生まれる予定の子どもの成育問題だった。借家からは立ち退きを迫られ、一月一一日に畳もないような部屋に引っ越しせざるをえなくなった。すでに妻のオーバーまで質に入れており、厳冬の新潟でそれなしで暮らさねばならない状態が続いていた。

一八日、横浜の姉が死亡したという便りが届いた。薄幸の姉の身の上を思うと、あまりの哀れさに涙が流れた。その後、大家から借金してオーバーを質屋から引き出した。二月七日には、炭も練炭も残金もない状態で、満二六歳の誕生日を迎えたが、何かいいことがありそうで心は明るかった。彼は雪道を自転車にのって、一軒一軒廻って砥石を売った。

妻は川崎の実家に帰って出産したがったが、お金がないので、強引に説得してここで産むことにさせた。妻は、毎日ウドンをすするような耐乏生活によく耐えていたが、泣き出して、どうしようもなくなる日もあった。それでも、自分たち夫婦が「あまり仲良過ぎて問題になっている」と近所でウワサになっていると聞くと、うれしくなった(三月一日)。四日、無事に男の子が産まれた。産婆さんに助けてもらい、難産だったので、不動明王の布教師の来訪を請い、やっと産まれたのだ。

彼はわが子のために、つぎのように記している。お前の父は、他家に間借りし、一粒の米も食えず、代用食で暮らしているが、前途への希望にあふれている。この平和な父母のひざ元でお前を育む。お前には何も贈れないが、変わることのない愛情を注ぐであろう、と。子どもが産まれたため、毎日ふたりで赤ちゃんを取り合って騒ぐような、明るい家庭になった。仕事も楽しくなり、彼は小唄を歌いながら外廻りに励んだ。

しかし、彼は妻にあまりに抑圧的であったようである。四月一日、妻は実家に帰りたい一心で、こっそりと川崎に出発した。このことが夫婦の諍いのもととなった。

営業の好転

一九五一年春から営業は徐々に好転していった。彼は外交に出、妻には店をまもってもらった。この頃の日常はつぎのようだった。

朝、起床して顔を洗うと直ぐ店へ。店へ品物を出し並らべ、掃除も一通り終ると、自転〔車〕に品物を付けて小売りを各地へ廻り出す。お昼近く、又は仕事に追われて二時、三時となるのもたま〳〵であるが、ようやく第一回の食事を取り、二度び外交へと。やがて夕刻も近かづくと、ようやく店へ引き上げて店の清掃。店を片付けて、八時廻る頃夕飯を取って帰宅、一日を終るのである。（八月六日）

一日二食で、働きづめの忙しい毎日だったが、外交の途中の一服は気休めになった。特に、汽車に乗って亀田・新津・加茂・三条・巻・岩室・弥彦などの近隣の町を集金して廻る時は、借金や家庭のごたごたから一時的に解放され、爽快な気分になった。地元の大企業、新潟鉄工所との取引もはじまり、九月には使用人を雇う余裕もでた。あいかわらず仕入れた砥石などの代金の返済に追われていたが、それでも売れば何万円にもなる商品を持っているという自信から、「余裕ある精心《マ》状体《マ》」になっていた（一一月二日）。試練続きだった彼にも、ようやく好景気の影響が及びはじめた。

＊

もういちど彼のアジア太平洋戦争観・朝鮮戦争観を見ておこう。一九五〇年一二月八日には、アジア太平洋戦争についてつぎのように記している。

> もう誰れしも忘れ去《さっ》た日であらふが、今日こそ此の日を再び呼び起し、あの戦争の悲惨なるを声を大にして叫び、平和へ奮〔渾〕身の努力をすべく、心新に致すべき日であらふ。なれど人類は再び其の鉄《ママ》を踏んとしている。あわれなるものかわ。

アジア太平洋戦争は、彼にとっては悲惨な思い出しかないものとなっており、同じような過ちを繰り返すべきではない、という思いが強烈であった。そして、現在進行中の朝鮮戦争は、過ちの轍を再び踏むものではないかと捉えられている。朝鮮戦争については、さらに二三日につぎのようにのべられている。

朝鮮の戦乱は益々激〔し〕き度を加へて行く。中共軍の参加。今日は第八軍指令《ママ》ウォカー中将の死が伝へられている。人生ある限り争闘は絶へぬ。生きんが為めなり？

中華人民共和国軍が参戦し、アメリカ第八軍のウォーカー司令官が撤退中に自軍の戦車にひき殺されるというような大混乱と戦闘の激化に、心配が募っているのである。翌年一九五一年の元旦には「世界は平和か戦ひかの決定的岐路にあり」と記されており、平和主義的心情は持続しており、朝鮮戦争も他人事ではなかったことが確認される。

その背景には、横浜大空襲での自宅の焼失という彼自身の深刻な体験（彼は罹災をふりかえるために高揚会という組織を一九四七年五月に学校・旧隣組の友人六名でつくっている）や、召集された兄の軍隊体験による人格に及ぶようなトラウマ被害や、姉の精神的被害と早すぎる死など、家族が受けた深刻な戦争体験とその戦後への影響があった。

日本民衆に通底する道徳、つまり自己鍛錬を積み修養を重ねれば、あるいは目に見えぬ何物かに感謝しつつ、誠心誠意努力すれば、必ず報われるという信条を持つ、松下のような都市に住む保守的な小営業者にも、平和主義的心情が深く根を下ろしていたことが確認できる（なお、民主主義と自由については、彼は占領軍から与えられたと考えていた）。また、その自己鍛錬・修養の背景には、愛に満ちた家庭を持ちたいという強い願望があったことが確認できる。このような心情は、戦後の日本を支え、また切り開いていく要素のひとつであった。

2　ある国鉄労働者の体験

横浜市の臨港にある国鉄の高島駅に転轍手《てんてつしゅ》(のち操車掛)として勤める労働者、小長谷《こながや》三郎の場合はどうだっただろうか(2)。彼には、すでに拙著『草の根のファシズム』に登場してもらっている。これは、横浜の空襲を記録する会編『横浜の空襲と戦災』第二巻(同会、一九七五年)に抄録された日記によったものだったが、今回、戦中・戦後の日記を原本に当たって読み直した結果、そこに描いた姿をかなり修正しなければならないと思うようになった。

『草の根のファシズム』での小長谷像は、戦中には、典型的な皇国青年であったが、戦後は対米「攘夷」を心の中に願いながらも、次第に平和と民主主義の価値を受け入れていく、というものだった。これは、大筋では間違っていないが、その価値の受け入れ方に大きな特徴があり、その点が必ずしも明らかになっていなかった。実態はどうだったのだろうか。

一　修養と戦争

人生の目標

小長谷は、一九一九年一〇月に生まれており、一九四五年八月の敗戦時には二五歳だった。神奈川県早川村（現・小田原市）のミカン農家の三男で、高等小学校卒業後、箱根細工の職人になるため、親方の家に住み込み、四年間修業したが、身体を壊してここを辞したという。療養をしながら、実家のミカンづくりを手伝っている時に二〇歳となり、徴兵検査を受けた。結果は丙種合格であり、徴兵されることはなかった。(3)

一九四〇年一一月五日に国鉄に採用され、高島駅に連結手として勤務した。身分は最下級の傭人で、日給制だった。一九四二年五月には、転轍手に昇格した。この頃、自分の過去を反省した記録を残しているが、箱根細工の親方の「小僧」になった時は、仕事が下手で親方にきらわれ、心労で病気になったという。ここを辞めた後は、療養していたが、気分は「老衰的」になった。国鉄に勤務してから持ち直した。彼は、自分を優柔不断で、あまりにお人よしだと思っており、この欠点を克服しようとしていた。

人間とは一生を修養の為生れて来たと解しやう。行住坐臥、一挙一動は其の完成の日への手段に過ぎぬ。其の完成の日とは生命を終らんとする日、其の瞬時にあるの

だ。何事も毎日が修養の道程にあるのだ。一日も一瞬も油断する事は出来ぬ。（一九四三年一二月一四日）

このように、彼も、人格の完成のために一生修養を積み重ねるという民衆道徳の体現者だった。

日々の努力の結果、一九四二年一一月に開かれた東京鉄道局奉公会の高島駅青年隊結成式では、隊員一一名を率いる分隊長に選ばれた。一九四三年八月に開かれた奉公会青年隊指導者練成会には、高島駅から彼一人が選抜されて参加した。また、この年には、資格試験に合格し、四月一六日付で雇員に昇格することができた（月給制となり、月給五一円を給すという辞令を受け取っている）。彼がつぎにめざすのは、操車掛になることだった。

この頃、彼は、修養団体の中心社を主宰する常岡一郎の処世道に共鳴していた。[4] それは、目前の努めにいかに全力をそそぎうるか、自分の生命をいかに有意義にささげうるか、自分の死がいかに大きな光を放つか、という問題に取り組むというものだった。一九四三年の年末には、その理想が「戦陣訓」に集約されていると記している。「戦陣訓」の「死生観」というところには「生死を超越し一意任務の完遂に邁進すべし、心身一切の力を尽し従容《しょうよう》として悠久の大義に生くることを悦びとすべし」と記されているが、修養の極致は、この「死生《ママ》を超越し」というところにあるのであって、「皇民男子」なら

「明日にも御召によって出陣する」という決意を抱くべきだ、と覚悟していた(一二月三一日)。

サイパン島が陥落したことを聞いた一九四四年七月一八日には、この「死生観」を再確認し、以後の日記は自分の遺書として書く、と記している。最初の「遺書」は「決戦の輸送を守りつゝ死するを無上の光栄と信ず、たとへ靖国の神にまつられずとも我が魂は永遠に皇国を守らん」というものだった。一九四五年一月一日には、国鉄四四万人の先陣を切って神風を巻き起こす「若き特攻隊長たらん」と決意している。

五月二九日の横浜大空襲では、横浜市も高島駅も「此の世の地獄か」と思われるほどの大きな被害を受け、彼はかろうじて一命をとりとめた。廃墟となった市街地を眺めながら「これが戦争なのだ。これからだ、本当に裸になって戦ひ得るのは」と記し、「必ず此の仇は討ってやるのだ」と誓っている(五月三〇日)。彼の戦意は、横浜大空襲を体験しても崩壊しなかったのである。その翌日、ついに彼のところにも召集令状が来る。

敗戦前後

五月三一日に念願の召集令状を受け取った小長谷は、勇んで甲府市の東部第六三部隊に向かった。ここの練兵場や武田神社などで、アメリカのM４戦車に向かって手榴弾や爆雷を投げつける訓練をし、その後、体格が小さかったためか、衛生兵としての訓練を受けた。

七月二七日、第一線に出たいという転属希望が認められ、熊本の西部第六一部隊に向けて出発した[5]。大本営は、アメリカ軍の九州上陸作戦を察知していたから、ここはそれを迎え撃つ最前線となりつつあった。

第六一部隊に着いたのは八月一日だった。医務室に配属されたが、毎日が希望のない灰色の中で過ぎていった。何よりの苦痛は「食物の量の少き事」と、夜毎の南京虫・ノミ・蚊の来襲だった。また、アメリカ軍機による空襲のため、毎日退避しなければならないことも辛かった(八月七日)。

「休戦」の知らせは、食料不足で半病人のようになっている一五日の夜に、疎開した山間の平集落に、風のように伝わってきた。その後、一カ月間、憂鬱で日記は書けなかった。気を取り直して九月一六日に記したところによると、八月一七日、疎開していた近所の奥さんから一六日の新聞を見せてもらい、「ポツダム宣言を受諾せり」という記事を見て、もっとも呪うべき事態が遂に来たと思った。

その時の思いはつぎのように記されている。無条件降伏により、日本は「最も下等国」になり、米・英・中・ソの支配の下に苦しまなければならない。「再起の日まで穏《ママ》忍自重せよ」という大詔が出たが、我が闘志はいまだ屈していない。敗戦の思いで全身の血は逆流し、嵐となって猛り狂う、と。

しかし、そのような彼も、二一日には「召集解除の一日も早からん事を望むの気持切なるものあり」と記している。二三日には、班長から明日召集解除されると伝達された。「喜び此の上もなし」と思った。二四日、帰郷の列車に乗った。帰心矢のごとき嬉しさを感じながら、そう感じる自分を浅ましいと思う気持ちもわいてきた。二六日夕方、自宅の敷居をまたいで、家族の喜ぶ声に迎えられた。こうして、彼の戦後の日常生活がはじまる。

軍からもらった新しい服・帽子・編上靴を身に着けて、三一日に張り切って高島駅に出勤した。九月二日の降伏文書調印式の日には、アメリカ軍機が横浜上空を乱舞するのを見せつけられ、悔し涙を流している。

しかし、高島駅でアメリカ軍が軍需物資を輸送する姿をみていると、昼夜を分かたず作業に従事することに「案外なり」と思い、機械力を使った作業能率にも感心せざるをえなかった。体力、とくに機械力では米軍が数百倍勝るのに、日本の指導者がそれを過小評価したのだ、と思った(一七日)。

とはいえ、最近の新聞は、アメリカのご機嫌取りをするし、欺瞞に満ちた記事ばかり流しているとも感じている。一二月に横浜ではじまったBC級戦犯横浜裁判の報道についても、「昨日までは戦争指導者達の片棒を担いで其の宣伝に努力せる新聞が一朝に掌をかへせる如く、彼等を攻撃し、敵国たりし米国の鼻息をうかゞってそれにこびる状態である」と憤慨した(一二月一九日)。

彼は、日本人には祖国日本があり、日本には忠義を重んずる日本人がいるはずであり、その理想は「戦陣訓」で尽きていると依然として信じており、アメリカの「自由と民主主義」や、ソ連の社会主義を信じる日本人は許せなかった(同前)。このため、英語は絶対に習わず、まだ担当させてもらえない操車業務にやがては専念し、操車の神様と呼ばれるようになりたいと念願した。それが、アメリカへの無言の復讐になると信じたからだ。これは、やや児戯に類した反応・態度であるかもしれないが、彼のような皇国青年には、多くの大人のような大勢順応的な急転回は困難だったのである。

二　修養と戦後改革・国鉄労働組合

「中心主義」と誠の心

小長谷は、戦中からずっと常岡一郎の処世道を自らの生き方の基本としていた。戦後のそれは「中心の誓願」となっていた。それは「人は誰でも平和を求め安定を願ふてやまない、然らば中心を求め、中心を守ることを忘れてはならない」、「大宇宙の中心、世界の中心、皇国の中心、社会団体・一家一身の中心は何であるか」をはっきりつかむことが人類生存の唯一の道であり、各自の立場にたって、その分を知り、一つひとつの中心を通って、より大きい中心に統制されるべきである、というもので、一九四六年二月二二日からの日記帳の巻頭に引用されている(一九四六年二月から一九四八年一一月までの三冊の日記は「中心」と題されている)。彼は、「誠」の心が大事だとする、民衆的な価値意識、民衆道徳とともに天皇中心主義の思想に戦後もつよく惹かれていく。

一九四六年になっても、移り行く時勢に憤懣《ふんまん》やるかたなかった。自分は天皇のためなら一命を捧げるが、GHQに対しては折があれば一泡吹かせたいと念願する「攘夷党」の一員だとも思っていた。アメリカ軍は正義・人道・恒久世界平和を唱えているが、横浜から拝島へ連日砲弾や爆弾を特別列車で運ぶのを見ると、その本質は好戦的だと思えた。彼は「自分は彼等に、彼等が看板を掲ぐる如き真の国家である事が信ずる事が出来る日まで、此の反感を抱くものである」という(二月二二日)。しかし、このことは、『草の根のファシズム』でも指摘したように、アメリカのいう正義・人道・恒久世界平和という価値観自体は彼も認めるようになったことを示している。

確かに彼は、自分に都合のいい考えばかりがあふれる「自由」な今よりも、天皇に尽くそうとした戦中の方がはるかに精神的に澄み切っていた、と感じていた(二三日)。しかし、「平和国家建設」のスローガンには反対ではなく、評論家、馬場恒吾がいう「友愛の一念」に深く共感した。馬場は戦争放棄をうたった憲法改正草案要綱を評価しつつ、敵を憎むな、として、つぎのようにいう。

日本国内においてはすべての人が助け合って、国を立ち直らしめ、人を幸福にせんと勤むべきではないか。……さうしなければ、世界平和はおろかなこと、日本再建すら望まれない。新憲法は政治の新機軸であるのみならず、日本人に新たな哲学と人生観を植ゑ付ける。その新たな人生観とは何ぞや。それは友愛の念を以て、人類生存の基調とするといふことに外ならない。ダアウインのいふところの弱肉強食でなく、フランス革命から生れた近代民主々義思想の友愛を以て人生観の根本となすことである。（『読売報知新聞』一九四六年三月一一日）

馬場は、国内でも国外でも人びとが友愛の感情で結ばれるようにするのが日本人に与えられた新しい使命であると論じた。小長谷は、これに共感し、これこそ、日本人が手に手をとって行進すべき、重要なものであると記している(一三日)。

また、我々の行為の基準はあくまでも「正不正、善不善」におかれなければならず、「損になっても正しい事、善い事はする」というところに基準が定められてこそ、社会の混乱と不秩序とは救われる、と説く小説家、上林暁の「行為の基準」という小論(『東京新聞』一九四六年三月一二日)を読み、これこそ自分が痛感する道義的信念の象徴であると記している(一三日)。戦後の社会は、どうすれば自分の得になる、どうすれば損だという自己本位主義《ミーイズム》があからさまになっていたが、それに反発し、批判するこのような日本の民衆の中に一貫している道徳心を上林も彼も抱いており、敗戦の混乱の中で、それを生きる拠りどころとしようとしていた。

この民衆道徳の心配りは、必ずしも他民族には及ぶものではなかったとはいえ、自国民の間では、利己心をいかに克服して、公に奉ずるかが中心テーマとなっていた。この民衆道徳の立場からも、戦争放棄をうたった日本国憲法第九条は十分に受け入れ可能であった。

国鉄労働組合との関わり

一九四六年三月一七日、遅ればせながら高島駅にも、二五歳以下の労働者で構成される労働組合青年部が結成されることになった。彼はすでに二五歳を超えていたので門外漢だったが、労働組合青年部は歓迎すべきものだった。青年部長は営業方面からではなく、構内方面から選出すべきだと思い、友人の田後一雄を応援した。二一日に田後が当選した。

三一日、副鉄道官補に任ぜられた。桐の葉の襟章をつけ、袖に二本の縦線を入れた姿は鉄道職員の憧れの的のはずだが、あまり喜びがわかなかった。外見よりも精神的な価値が大事だ、と思うようになっていたのだ。新しい職責にむかって、イノシシのように突進しようと決意をかためた。

四月七日、友人の家に遊びに行った。この友人は復員後は国鉄を辞して、自宅の屠場の事務や会計を担当していた。友人も戦中は純然たる皇国青年だったが、いまは共産主義の信奉者に急変していた。頭がよい友人は、敗戦の責任は誰にあるかといい、天皇制反対の理由をとうとうと論じた。また、民主主義は共産主義によってのみ実現できる、自由党・進歩党は我々の敵である、とものべた。

これを聞いて、小長谷は、すべてが妥当とは思わないが、共産党は自由党よりは真理に近いものがあると思った。友人の勉強する力にも感心し、自分がいかに不勉強であるか、恥ずかしい、と感じた。しかし、ソ連が「理想的平和国家」「道徳的国家」とはとうてい思えなかった。彼の念願する理想国家は「人民の意思を尊重し、道義国家であり、礼儀を守る人民に依り結成せられたる国家」だった。それは具体的には、国民の信仰・光・熱の中心である天皇を仰ぎ尊ぶ民主主義国家でなければならなかった。

四月一〇日の戦後最初の総選挙は大選挙区制だったから、自由党幹事長の河野一郎、日本革新党副委員長の広瀬弘、無所属の室伏高信に投票した。河野は日本の美風を実現する自由主義者として、広瀬は「中心主義」の代表として、室伏はその民主主義論に共感して、選んだ。河野は第三位・一〇万六〇〇〇票で当選したが、室伏は一万六〇〇〇票、広瀬は四〇〇〇票しかとれず、落選した。

一三日、常岡一郎の教えに従って、新生日本を構想してみた。それは、第一に、民主日本を築くため、自由・進歩・社会・共産・協同の各党が協和し、和やかに溶け合って釣り合いをとりなおすこと、第二に、進化・新陳代謝をとげて世界中どこにもない理想的国家をつくること、第三に、戦争責任者を追放すること、というものだった。中でも大事なのは、「純日本的な気魄」、日本人のアイデンティティを維持することだった。米軍の弾薬輸送をしながら、アメリカ兵からタバコその他の物品を買い求めようとして行列する国鉄職員などは、彼にとっては「乞食の群の様」な唾棄すべき存在だった(二一日)。このように、日本人の気概が重視されているが、新生日本のためには戦争責任者の追放が必要だと考えていることも注目される。

このような立場から、彼は急進的な労働運動にも批判的だった。資本家を敵とする考え方は「温情も何もない」考えであり、資本家と労働者は切っても切れぬ深い間柄だと考えていた(五月一日)。六月二〇日、彼は、念願の高島駅操車掛を拝命した。九月二日には、高島駅労働組合支部の委員に選出され、ベストを尽くすことを誓っている。

しかし、国鉄をめぐる環境はにわかに厳しくなっていた。七月二四日、国鉄本部は組合に七万五〇〇〇人の解雇を申し入れた。九月一二日、国鉄職員解雇反対のゼネスト決行のために職場大会が開かれ、一五日からのスト突入を決定した。彼は、「吾等委員の責務愈々《いよいよ》重且大」と記している。一四日、組合の要求が通り、ストは中止されたので、彼は組合運動でも達成感をえることとなった。

もうひとつの問題は、労働環境の厳しさだった。一〇月二日、高島駅で入換関係の事故が発生し、操車掛など三名が負傷し、うち一名は重傷となった。入換機（ディーゼル）が踏切を通過している時に、米軍トラックが衝突したのだ。翌年三月一二日にも、高島駅で重大事故があった。米軍の貨物を積んだ貨車に列車が衝突し、貨車二両が脱線転覆し、機関車が一両脱線した。このような事故はその後も発生する。国鉄の低賃金と解雇の不安、労働環境の悪化などから、彼は労働運動に一層期待するようになる。

一九四六年一一月一七日、第二回社会党神奈川県大会の講演会を本町国民学校に聞きに行った。右派の西尾末広書記長の講演は特に有益であった、と感じている。彼の立場は、政治的には自由党から社会党右派にまたがるものだったのだ。

しかし、それでも一九四七年の二・一ゼネスト決行には積極的だった。前日、無期限ストのため籠城の決意をして、食料数日分を用意して早川駅を発ち、横浜駅に着いたが、スト中止を聞いて「いさゝかがっかり」している。

三　人員整理への対応と新生活の設計

結婚と新生活の展望

一九四七年一月二六日、彼は、お見合いにより民間会社に勤める女性と婚約した。しかし、激しいインフレと経済危機で、暮らしていけるか心配だった。二月分の月給は四九〇円一六銭・夜勤手当四五円三六銭・共済掛金等控除額二八円二八銭で、差引支給額は五〇七円二四銭にしかならなかった。これは自分の弁当代をようやくまかなう程度でしかなかった。鉄製のコンロでも三五〇円もしたのだ。

また、職務が激しい肉体労働で、被服が損耗し、体力・気力も消耗するし、あまりに厳しいということも気になっていた。この過酷な仕事にふさわしい待遇をしてほしい、と切に思った。

吾々は此の際、此の不平等に対する上局の善処を要望してやまぬのである。此処に於いて自分は敢然として闘争に起ち上らんとするのである。職務上に於ける自身の地位をなげ出して、果ては馘首《かくしゅ》せらるもに辞《ママ》せず、頑張〔ら〕んとする。(二月一五日)

過酷な労働に対する正当な評価と待遇を求めて、首を覚悟で労働運動に挺身する決意を固めたのである。

四月八日、自宅の物置を改装して新居とする工事が完成した。二一日に厚木で結婚式をあげ、新しい生活がはじまった。彼が一〇日に立てた「新生活五ヶ年計画」は、①妻の会社勤務は向う一カ年以内、②子どもは二人、③新家屋の建築準備完成、④親への報恩を忘れない、という、おおむねほほえましいものだった。労働者レベルでも専業主婦の方が望ましいという価値観が浸透していることも注目される。

戦後改革についての反応はどうだったのだろうか。五月三日には日本国憲法が施行された。「我が日本国の民主主義への輝かしい第一歩」であると思ったが、反面、他人事のように思われてならなかった。なぜなら、これによって「吾々の生活が俄かに楽になると言ふわけのものでもない」からだ。俸給が少なく、仕事が厳しいために、寝汗をかき、病気がちとなった。こうして、心が「腐りさう」になっていった(六月一七日)。

このような中で、自らも事故に巻き込まれることになった。七月二九日、彼が第二号転轍機を代務している時に、七・八号転轍機付近で貨車三両が脱線し、二両が転覆する大事故が起きたため、事故の責任の一半を負わされたのだ。このように、一九四七年は、新生活がはじまるうれしい年であるとともに、労働面では大変厳しい年になった。

首切りの暴風雨の中で

一九四八年の日記は記述が飛び飛びになり、彼の軌跡はよく分からない。要点だけ記すと、一九四七年末に父から畑を分けてもらった彼は、一九四八年にはミカンを育て、麦や陸稲・サツマイモなどを植えるなどの農作業もするようになった。妻は予定通り会社を辞めたので、「鉄道のほそい給料」で生活しなければならなくなった(一月二六日)。六月八日には、念願の長女が生まれた。彼の喜びはひとしおであった。

同月には、自由貯金の金額が一万七〇〇〇円になり、生活にいくらかの余裕が生ずる年となったようだ。一一月には、管理部の操車・車号掛事務打合せに操車掛代表として参加するなど、職場での地位も上昇した。

一九四九年はさらに好転する年となるはずであった。彼は、新年の目標として新築の自宅を持つこととし、そのために、一年間で一〇万円の自由貯金をし、三年後には三〇万円とする計画を立てている。これまでの積立金は三万三〇〇〇円だった。三月には優秀職員として表彰されてもいた。

六月になると、国鉄の首切り問題が再び浮上し、国鉄東神奈川・千葉両車掌区は一〇日からストライキに入った。彼は、神経痛でしばらく病欠していたが、国鉄の事態は「暴風の前夜、否既に荒れ始めた感」があると思った(六月一〇日)。しかし、神経痛の痛みは夜中に激しくなるので、解雇処分覚悟で、徹底的治療を考えるほかなかった。このような中で、長女が育っていくことが彼の大きな希望となった。

〔日勤で帰宅すると長女が〕座敷へ坐って居て、待ち構へて居た様に、バーと言って喜んだ。……此の小さい女王様は、貧しい我々の希望の的であり、たのしみの的であり、明日への活動の源動力ともなるのである。日夜、此の小さき女王様に幸あれと祈らずに居られない。(六月一六日)

夫婦にとって、長女は希望の的、楽しみの源泉、活動の原動力となっていたのである。七月に入ると、解雇対象者の選別問題の話題で職場は持ちきりとなった。国鉄は職員六二万三〇〇〇人のうち、一二万人余の人員整理をめざし、四日には、第一次人員整理で、三万七〇〇〇人の整理案を発表した。六日には、下山定則国鉄総裁が轢断死したというニュースが報じられた（下山事件）。一二日には六万三〇〇〇人を解雇するという第二次人員整理案が発表された。一五日には三鷹駅で無人電車が暴走する事件が起きた（三鷹事件）。八月一七日には東北本線の松川駅付近で何者かの仕業で列車が脱線転覆する事件が起こった（松川事件）。このように、一九四九年は、国鉄職員にとって暗澹たる年となった。しかし、幸いなことに、彼は解雇の対象にはならなかった。

株式投資の開始

一九五〇年の新春は、暗中に光明がみえるような思いで迎えた。「如何なる逆境にあへぐとも断じて屈せず、一路希望に向って邁進する」というのが年頭の決意だった。相変わらず操車掛を務め、疲労がはなはだしく、勤務明けには農作業をしていた。

新しい変化は、日記に株式投資の記事が現れることであった。二月二一日には、病気治療のかたわら、日東化学の本社に行き、昨秋購入した一〇〇株券の名義書換えをした。「益々株界に乗り出し大いに勉強せんものと思ふ」と記されている（日記には三月一八日以降の記述がなく、また一九五一年の日記はない）。

一九五二年の年頭の日記にはつぎのように記されている。今年の正月ほど正月を楽しんだことはまれである。その理由は、第一に家族全員が健康であること、第二に、現金預金が一〇万円を突破して一一万八〇〇〇円に達したこと、第三に、持株が値上がりしたこと、第四に、農耕で利益をあげることができるようになったことである。給料は一万三〇〇〇円になり、うち五〇〇〇円の貯金が可能となった。農耕では、純益が年間で一万円をくだらない程度になった。証券の配当も年二万円と予想することができた。このような中で、この年の正月は「少年時代に味わったあの楽しさで胸が一杯」となった、というのである。一九五二年の目標として、彼は、現金預金を二〇万に増やすことを挙げている(一月一六日)。

このため、一七日までに小倉製鋼の株を売って、九七五〇円の利益をえている。また東京都経済倶楽部や勝田経済研究所に行き、経済講演会を聞くようにもなった。神岡鉱業や飯野海運の株を買い、「自分一代の運命が愈々展開して来たのだと信ずる。猪突猛進的な大飛躍を試みん」としている(二月六日)。

この年が小長谷の大きな転機となったのだが、大和証券・大東証券・野村證券とまわり、ハッと気づいたことがあった。

本日上京に際し特に感じたこと。服装は戦時中に調整した国民服、国鉄貸与の外とう、赤靴、無帽といういでたち、〔国鉄〕本庁の八階にて鏡を見てハッとした。と言いう《ママ》のは此処漸〔暫〕く床屋にも行かぬ顔は、山あらしの如きあたま、山男の如きバンカラさ、素末《ママ》な外とう、靴、田舎者丸出しの襟、これで都心をいう〳〵闊歩せんとするのである。思へば勇敢さ此の上もない。……大和証券の受付の女子が自分が居る中、笑い続けて居た。又、白木屋にて便所の所在を聞いたら、其の返答に「便所は二階にあらあ」と言うでで《ママ》ある。……今に見ろ、きっと成功して見せるから、見かへしてやるから。(二月一二日)

彼は、敗戦後の混乱からどうして抜け出すかと苦闘を続けていたのだが、国鉄の給料は生活の安定を保つことができるほどになった。一定の余裕が生まれる中で、よりよい生活をめざすための行動は労働運動から株式投資に変わっていた。そして、経済の中心はすでに復興にむけ活況を呈しはじめ、様変わりしていた。そのど真ん中に踏み込みながら、彼は生活スタイルの大きな変化にこの時まで気づかなかったのである。

このような利益追求一本槍の姿勢と自己の利益を顧みない民衆道徳との関係はどうなったのだろうか。三月二九日には、古河電気工業社長、西村啓造の話を聞いて「きもに銘ずるところ」があったと記している。その話とは、いかに逆境にあっても自分は幸運者であると信ぜよ、何をやるにも鈍調であれ、そして忍耐強くあれ、というもので、これは経営者の説く心得ではあるが、「中心主義」の教えとよく似ていた。彼もこれを株式投資が不調な時でもあせるな、という教えとして聞いている。彼の民衆道徳は、復興へと向かう日本社会の中でこのように転調したのである。

以後、彼にとってのもう一つの戦後がはじまる。精神的には「如何に逆境にあらうとも幸運者であることを信ぜよ」という道徳を信じつつ、転轍手(一九五二年七月からは事務職的な車号掛となる)を務めて、国鉄労働組合に属しながらも、政治的には自由党を支持し、再び成長を開始した経済には強気で投資する人間に変わっていたのである。その軌跡は、将来の成功のために、解放的で自由な生活を排し、時間をむだにせず、ひたすら忍耐し、自己訓練を重ねる生活規律を守って苦闘する労働者のひとつの典型的な姿であった。

＊

国鉄高島駅の職員、小長谷三郎の日記から確認される事柄をまとめてみよう。まず、第一に、敗戦時に対米「攘夷」の立場を確認し、いつかアメリカに報復しようと決意を固め、アメリカの「好戦性」にも十分気づいていた。しかし、いつしか彼らのいう正義・人道・恒久世界平和という理念自体は受け入れていった。これは、馬場恒吾のいうフランス革命から生まれた近代民主主義思想である「友愛」の念を基調とすべきだという議論への共感などから、再確認できる。また、新生日本の建設のためには戦争責任者の追放が大事であると考えていたことも確認できる。彼も、平和の大切さということを自らの信条とするようになったのだ。

第二に、死ぬことを覚悟して召集に応じたこの皇国青年は、日本敗戦後も人格の完成をめざして修養に努めていた。生活難に直面する中で、労働運動に出会うと、とくに右派労働運動に共鳴し、争議・ストライキの中では自己を犠牲にしてでも挺身しようとする労働者に変身した。修養をめざす民衆道徳と労働運動とは矛盾しなかった。ただ、天皇を日本の中心とすべきだとする「中心主義」の道徳を信奉する彼は、友人が説く共産主義の理論は、一定の道理はあると思うが、絶対に容認することはできないものだった。

第三に、過剰な人員を抱え込んでいた国鉄は一九四九年に大量の人員整理を行うが、労働運動に挺身し、また、重い健康問題をかかえていたにもかかわらず、彼は解雇されることはなかった。これは、彼の誠実な働き振りと、右派労働運動への共感、政治的には自由党支持、思想的には「中心主義」を信奉する立場と無関係ではないであろう。

第四に、厳しい生活と労働環境の中ではあるが、戦争のない平和な社会の下で、愛のある家庭を築きあげていき、子どもが成長していくことに最大の喜びを見出していくという、家族中心主義的な価値観が新しく生まれていることが注目される。

第五に、日本経済が復興にむけて動き出す中で、彼の関心は生活向上のための金儲け、なかでも株式投資に集中していく。この過程は、自己犠牲をいとわず公共のために献身するという民衆道徳が、いつしか利殖のために犠牲をいとわず忍耐するという投資の道徳、いいかえれば自己本位主義に変身していくという側面ももっていた。

3　中島飛行機女子職員の体験

一　自由学園の教えと戦意高揚の指導

自由学園女子高等部卒業から就職まで

女性の場合はどうだっただろうか。青木祥子は、一九二三年四月に埼玉県浦和市に生まれた(敗戦時は二二歳)[6]。父は埼玉師範学校の体育の教師だったが、退職後は秩父のある村の村長をつとめていた。七人兄弟で、一九四四年には長兄は病気療養中、三兄は陸軍技術研究所将校、姉は結婚して西荻窪に住み、弟は岡山医大学生、もう一人の弟は海軍兵学校生徒という高学歴の一家だった(次兄は一九四二年に死亡)。彼女は、一九四一年に浦和高等女学校を卒業し、姉の強い勧めで、東京府久留米村(現・東久留米市)にある自由学園女子高等部に入学した。一九四四年三月に卒業する。

自由学園は羽仁吉一・もと子夫妻によって一九二一年に設立された学校で、『ヨハネによる福音書』にある「真理はあなたたちを自由にする」という言葉からとった「自由」を旨としているので、憲兵・警察ににらまれていた。しかし、学園は戦争に協力的になっていたし、彼女も、卒業式では「海行かば」を泣きながら合唱し、挺身隊として働く覚悟をかためる軍国少女に育っていた。他の学校の少女たちと異なるところがあるといえば、「思想しつつ、生活しつつ、祈りつつ」という生活態度をもつ「自由学園の志」をもって社会に出ようとしていることだった(三月二八日)。

卒業後は生活指導研究所(目白)の所員となり、軍需工場への動員女子学徒の「生活指導者」になった。最初に派遣されたのは湘南工機だったが、浦和から通うには遠いので、中島飛行機武蔵製作所に変えてもらい、五月一日からここに通った。最初は第二工場第七職東機六尺旋盤に配属され、エンジンの部品を作る挺身隊の一員にされた。しかし、これでは立場があいまいだということで、五月末には、中島飛行機の社員となり、教育課に属し、女子職場全体のことをみつつ生活面の補導をする、また田無寮(七〇〇人)の仕事をする、ということになった。

彼女は第九棟の寮長となった。仕事は勤労動員女子学徒五八人分の食券の準備や図書・レコードの整備、二四時間の生活設計などで、わりあい楽だった。工場は三交替制なので、深夜勤務の女子は「10時迄朝食をたべずにべったりねて、昼分たべ、会社で夕食たべ、作業が終ってから夜食をたべて、お腹の方に皿をねかせてねむる」という厳しい生活だったから、彼女たちの生活を健康的で規律のあるものにする必要があった(六月一六日)。

動員女子学徒の生活指導

八月五日には、所属が厚生課補導係福利班に変わり、女子寮補導班に入って一人分の寮長の仕事を二人で分担してすることになった。身分は準員に昇格した。九月には、自由学園の同級生二名とともに、新しくできた工研寮の準備委員となり、自治方式で六〇名の工研生を寮でも練成することとなった(一二月一六日には教育課に転属)。彼女は、新しい任務の重さにおののくとともに、「力の限りとびこんでさせていただきたい」と願った(四日)。

指導する先生から、あなたは仕事がおおざっぱで、細かい所まで心が行き届いていない、もう少し指導者らしく注意し、貫禄をつけるようにといわれ、大いに反省している(二三日)。とはいえ、生活表や学徒に配る生活帳づくりではレイアウトに絵を入れるなどの心配りをしていたので、本社の女性社員から、あなたは「情味」があるとほめられてもいた(一一月二九日)。

九月二六日から寮開きとなり、米や調味料の運搬から仕事をはじめた。食事も分担してつくり、食券を集め、フトンをしき、まるで「高等小間使い」のようだった。それでも、九月の給料は手取りで八九円になり、うれしかった(二九日)。また、教育課長が寮生に「今迄日本の女性の科学的水平《ママ》〔は〕低かったが、かうした工場常識をやがて家庭の方となられた時に活《いか》して下さるやうねがってゐます」と話しているのを聞き、若い女性が工場に進出することがやがて女性の地位の向上をもたらすという積極的な意味を捉えることができた(一〇月六日)。

一九四四年の秋になると、戦局はいっそう悪化した。空襲警報も時々出るようになった。このような中で、彼女は四三名の女子講習生を連れて群馬県の中島飛行機太田製作所を視察した。ここは飛行機を組み立てる工場だが、キ八四(疾風)・呑龍・鍾馗などの新鋭機を見学し、その内部の複雑・精密な様子に驚きつつ、つぎのように感じた。

エンヂンのないばかりに出来上らぬヒコーキの機体がずらりと並んでゐる。首なしヒコーキの姿をまのあたりにみたら、本当に無念の涙にむせんだ。そしてかたくかたく発動キを必ずつくってお届けしますとお誓ひしたことだった。(一〇月二四日)

エンジンは武蔵製作所でつくるので、飛び立てない飛行機がずらりと並んでいるのを太田工場で見た彼女の無念さは尋常ではなかったのだ。一一月一一日には、栗原悦蔵海軍報道部長から、前線では搭乗員の数が実動機数の八倍にもなっており、みな本当に飛行機を待っているという話を聞き、これを「殊に女性に対しての期待、励し」と受け取り、気を引き締めた。

一四日には、石渡指導員から、九州の海軍工廠が空襲された、武蔵製作所はエンジンを作っているのでもっとも狙われている、しかし、ここがダメになったら日本が滅びる時だから、そう思って「本当に日々満足して死ねる迄にこの尊い一日一日を送らう」といわれた。任務の重大さを感じるとともに、悲壮感が漂うようになってきた。

そして、遂に二四日には武蔵製作所が初空襲される。突然のことで、廊下に伏せたが、大地がグラグラとゆれ、犬が吠え立てはじめた(中島飛行機以外を含め死者二二二名)。一二月三日の空襲では、女子寮・中央事務所にも爆弾が落ち、石渡指導員や自由学園・山梨女子師範の生徒、工研生など知っている九名が死亡する被害が出たが(死者数一八五名)、彼女は、たまたま父から秩父夜祭の見学に誘われて秩父に行っていたので被害を免れた。

彼女にとっては、敬愛していた石渡指導員の死がとくにショックだったが、「(みんな)出征なさったと思ってこのあだをうちてしやまむ」と改めて決意した(一二日)。二七日にも空襲があり、防空壕に逃れた(死者五一名)。これらの空襲は、高高度からの精密爆撃だったが、爆弾が冬の季節風に流されたため中心部には命中しなかった。しかし、周辺で被害がでることになったのだ。

本格的空襲の下で

一九四五年二月からは、受け入れた自由学園二年生の生活指導を担当した。そのためには自分自身が良き生活者にならなければダメだと思い、三日から冷水摩擦をはじめた。

また、毎日洗って一週三〇分の繕いをすれば三年間はもつという「靴下の経営」も実行することにした(六日)。中島飛行機での仕事はどんどん重くなっていき、「矢野さんと二人で、ムサシの女の人の幹部のやうなお仕事、次々と委されることおそろし」と思うほどだった(二四日)。

三月一〇日の東京大空襲は、浦和の自宅で見た。深夜に空襲警報が出たので、身支度をして二階に上がって見ると、東京の空が真っ赤で、次々に煙があがり、大風にあおられて火の勢いがますます激しくなっていった。彼女は「余りに酷烈に市街地を襲ふ無差別爆撃」に「体中の血がにえくりかへるやうだった」と記している(九日)。

一七日には自由学園の卒業式に参加し、羽仁もと子の話を聞き、改めて「自己の向上」ということを切実に考えた。それは、一人ひとりが良くなることではなく、「団体を愛する心」を育むというものだった。

三月半ばには工場の疎開が進み、武蔵製作所にいた長野挺身隊の学徒は河口湖に移動した。武蔵製作所には四月二日、七日、一二日と連続して空襲があり、五月二六日の空襲では、送電線がやられ、水も電気もサイレンもダメになった。彼女も疲労を感じるようになった。

七月一〇日からは山梨県に出張し、河口湖の寮での動員女子学徒の生活要項を立案した。この間、たまたま一二日に浦和に帰ったところ、一一日に父が自決したと聞かされ、愕然とした。「老衰者ノ生存ハ国運進展ノ妨ゲ　死シテ君国ニ謝ス」という遺書が残っていた。父は自由に歩けないほど身体が衰弱しており、下の世話なども他人の手を借りなければならないのが辛かったのではないか、と父の無念さを思いやった。

一四日には、河口湖の湖月という旅館で九軒の寮開きの式があり、余興で彼女は「蜘蛛の糸」「小さい灯明」の紙芝居を作って上演した。みんなに新しい望みが出てきたようでうれしかった。一六日、第四工場を見学したが、あまりに活気がないので、三浦屋旅館(寮)で女子学徒の懇親会を開いた。彼女はガダルカナル戦場の詩「米」を朗読して、志気を盛り上げようとした。

それは、飢餓の中にある部隊に一カ月ぶりに救援米が届いた喜びを「われらかく食はずにありと／心こめ送り来りし／をろがみて押し頂けば／はらはらと涙こぼれぬ」、「されどせめて一日早く／なぜなれば届かざりしぞ／一握の米をつかみて／つゝしみて墓前に供ふ」と兵士が詠ったものだった。学徒たちは、目を閉じて朗読を聞き入り、うつむいてすすり泣く者もあり、読み終わるとしばらく声もない有様だった。これを見て、彼女は「静かな中にみなの心が火の様にあつくもえて一つになってくるのが感じられた」と記している。彼女は、若い女性たちの心を奮い立たせることができるようになっていたのだ。

生活管理では、一日の時間配分の仕方、生活励し表の作成、衣服の持ち数を決め一つのスーツケースに納まるようにすること、などを指導した。朝は、武蔵第一体操の指導をし、回覧板をつくり、紙芝居・指人形などの娯楽を提供し、簡易クリーニング・寝押し・洗濯法、下着の工夫なども指導した。

この間、実家では、父が亡くなった後は、長兄の結核の治療を最優先とし、そのために長兄の家族には母とともに疎開を兼ねて秩父に移ってもらい、三兄は八王子に家を見つけ、浦和の家は彼女が世帯主になり、結婚してここで暮らすことにする、という大方針がきまった(七月二六日)。

このような中で、彼女は敗戦を迎える。「玉音放送」は秩父の家で聞いたのだが、「満洲事変以来の幾多将兵の血の犠牲が、あゝくやしい」と思った。また、「昭和の民の不義不忠之にまさるはなし」と、天皇陛下に申し訳ないと思った。さらに、学校を出てから「きれいなきもの一つきず、紅白粉もつけずに、一心に今日の日迄爆弾の中に幾度か生死の危険にさらされつゝ働いてきたのは一体何のためだったか」と考えると本当に無念だった(八月一五日)。

一九日には出社したが、航空工業会は解散したと聞き、書類を全部燃やす仕事を与えられた。悔しくてたまらなかったが、書類の中に包んで焼いたジャガイモは美味しかった。彼女は二三日付で解雇となり、退職金一〇三〇円をもらって浦和に帰った。

友情・恋愛と結婚について

自由学園を卒業する時、尊敬する先生である羽仁説子から、今内地に残っている男性は体が弱い人が多いから、あせって結婚するよりも、「少しでもお国のために働いて、早く日本の国が勝つやうに努めて」、その後結婚したほうがいい、といわれた(一九四四年三月二八日)。そこで、工場で働くことにしたのだった。

彼女には、ひそかに慕っていた男性がいた。それは二歳上のA海軍将校で、子どものころ二人が通っていた埼玉師範附属小学校の先生から、二人は将来結婚するんだよ、と何度もいわれた人だった。しかし、Aは、ニューアイルランド島からラバウルに帰還の途中の駆逐艦上で銃撃を受けて重傷を負い、一九四四年に野戦病院で亡くなった。遺骨が帰ったのは四月七日で、就職早々彼女の夢は消えてしまった。

四月一五日には、幼なじみのB医学生の家に久しぶりに行き、一晩とまって話していくように勧められた。しかし、用事があるので断って帰ったが、Bからは「卑怯だぞ」とどなられて悲しい思いをした。純真でひたむきなBは彼女と結婚したいと思っていたのだが、彼女にはその気がなく、ただ親しい友だちとして長くお付き合いしたかったのだ。

Bとの交際については、母も強く反対していた。その理由は、「水準以下の男」と交際するのはダメ、手紙の字をみてもBには男らしさがない、というものだった(一〇月一五日)。彼女は母の心配はもっともだと思い、交際を自重しようと思っていたが、なかなか断ち切れなかった。Bはその後、海軍軍医委託学生となり、一九四五年四月に戸塚海軍衛生学校に赴任した。

彼女は、『羽仁もと子著作集』第二巻(婦人之友社、一九二八年)の数節を共感をもって書き留めているが、それはつぎのようなものだった(四月二四日)。

是非とも男子の方々に、どうか長い間の習慣によって、自然に妻の前に我儘《わがまま》無遠慮になってゐる行掛りの態度を忘れて、妻及びすべての婦人に対して、お互に人格と責任のある一人一人の人として相対して頂きたいと思います。

従順さや服従を求めるのではなく、信じあう仲間としてお互いの人格を認め合うことが必要だと彼女は共感したのだ。しかし、旋盤工場で負傷して入院している時には、女は結婚することが一番幸せなのに、「このやうな大戦争の時に生れ合せて、私もすぐに23、24となることを考へると、一寸《ちょっと》たまらない気もした」と記している(五月一〇日)。戦争のために食べものも着物も恋人もいないなんてさびしい、早く戦争に勝って雑用が終わらなくてはたまらない、というのもいつわりのない実感だった。

一九四五年三月には、上司のCと悩みを打ち明けあうなど、「どこにももってゆきばのなかった愛情の泉が、少しづゝいとしいと思ふ人に注がれきた」(三月三一日)と記している。Cとの親密な交際がはじまった。しかし、Cも結婚の対象ではなく、あくまで

「仲の良いお友だち」だった。四月一六日には、ちゃんとした所にお嫁に行って義姉にも安心してもらいたい、と記しているが、ちゃんとした所とは、つぎのような人だった。

世が世なら私だってもう今頃迄こんな会社で働かなくたって、きっともう帝大様(?)位に、又は海兵でも出た方に嫁いでゐたと思ふけれど……みな、戦死やら、戦争に行ってしまって……。(五月八日)

結婚相手は、帝大卒か海軍兵学校か陸軍士官学校卒の学歴の高い、頭のいい、男らしい男でなければならなかったのだ。Cとの交際は一九四五年一一月に終わる。

二　平和の価値の発見

戦後の出発

青木は、八月二八日に会社に行き、工研寮に寄って荷物をまとめて帰った。これで中島飛行機とはお別れである。夜、自宅の二階に一人で寝て、「たゞ一人の生活を清らに生きたい」としみじみ思った。静かで、清らかな「修養の生活」が望ましかった。しかし、いきなり兄嫁から「祥ちゃんは自分のことばかりしてお掃除一つしない、私はよいけれど、あれでは自分のためにならない」といわれてしまった(二九日)。浦和の自宅には日産に勤めるようになった三兄の家族が同居しており、彼女の立場は居候のようになっていたのだ。

戦争が終わり、生活が落ち着くかと思った時、再び一家に不幸がおそった。二六日に秩父で療養していた長兄が結核で亡くなったのだ。まだ三三歳だった。突然のことで、彼女はショックを受けた。立場も微妙になった。

彼女のひとつの目標は、「女らしい女」になることだった。森田たまの『秋茄子』(実業之日本社、一九四二年)を読み、「とくとくとつきる事なくわきいづる泉のやうに豊かな愛情、さういふ愛情の持主こそ、女の中の女と云へませう」という文に共感し、家事に心をこめる、心のやさしい、素直で思いやりのある女になりたいと思ったのだ(三一日)。これは、自由学園の教えとは異なるものだった。

その後、彼女にも静かで幸福な時間が訪れるようになった。

白い式服ブラウス、紺ズボン、おねえさんに頂いたハンドバックもってゆく。今、自分は、娘としてしづかな幸ひな日々を送ってゐる。あせるまい。一人にも、しづかな幸福がこんなにも恵みゆたかに与へられてゐるではないか。大いによい本をよみ、料理、掃除、センタク、裁縫したい。えもかきたい、お習字もしたい。おこともならいたい。(九月三日)

おしゃれも読書も料理も裁縫も習い事も、何でも好きなようにできる時代がようやく訪れたのである。その幸せを十分に享受しようとして、とくに読書と洋裁と料理と絵に打ち込んでいった。一一月二五日に和服の着付けをしてもらって、浦和の街を歩くと「いゝなあ、もう又かういふ時になったんだなあ」などと、道行く人たちから声をかけられてうれしかった。

髪にパーマネントをかけて歩くと、アメリカ兵からも「ハロー、ハロー、ヤング」といって声をかけられ、「美しくしてゐることはいゝことだ、たのしいことだ」と感じることができた(一二月二日)。近所の無口なおじさんからも「しょうちゃん、とてもきれいになったたって、近所中の評判だぜ」といわれ、恥ずかしいと同時にうれしかった(四日)。また、新聞紙上やラジオ・婦人雑誌などで女性解放の声があがるのもうれしいことだった。

この頃の新聞、豊富な記事満載、社説「女子の知的水準を高めよ、男女共学の提案」、何れも興深くよむ。だん〲私達の待望してゐたことが実現されさうな機運だし、兎に角、女子も国民の半数だ。国民の一人としての教養はほしい。(九月一八日)

敗戦によってもたらされた新しい時代は、彼女にとって意外にも好ましいものとなったのだ。では、女性解放以外の戦後処理はどうだっただろうか。降伏文書が調印された九月二日は、彼女にとっても「苦しくとも生きぬかねばならない」再出発の日となった。「敗北」という事実を甘受して、困難に耐えて生きぬかねばならないのだと思った。「大東亜戦争」については、目的・理想は正しかったが、方法がまちがっていた、という説を受け入れた。植民地放棄については、憤懣やるかたなかった。阿部信行朝鮮総督についても「朝鮮総督はずゐ分バカなことをしたものだ。朝鮮に政権を委ねたり」と批判している(一九日)。彼女の「帝国意識」は生き続けていたというべきだろう。

しかし、一〇月に入ると、彼女からも戦争を呪う声が出はじめる。

　一刻も早く食糧事情の打開に手を打たねば国民の何万人かは餓死する。まさに餓死の一歩手前にある我々だ。小さいお骨になられた英霊の幾柱が黒いも服の人の胸に抱かれて帰る。何ともいへぬ気持で一杯だった。国敗れて今し故郷に骨となって還る。その遺族の胸中如何ばかり？　本当に戦争をのろひたくなる。(一〇月一〇日)

戦争をしたために、いいことは何もなく、食糧危機に陥り、多くの戦死者を出したという面がみえてきたのである。大量の買出し難民が出現し、食糧をめぐる強盗などの犯罪が多発する状況に、ついにはつぎのような批判が生まれる。

　「町も村も食糧極度に窮乏　〝危機迫る〟　の様相……短刀で強制六千円を強奪」などの大見出し、買い出しの二十一歳の女の方の二人の裸体の死体(清瀬村)等、まさに暗膽《ママ》たる世相である。何故、こんなになる迄、どうせ手をあげなければならぬのなら、早くやめなかったのか。政治家の貧困さ、大臣は食糧に困らず、国民が一歩餓死の手前にあるのをしらないのか。(天ちゃんをさへ恨みたくなる。)(一〇月一一日)

なぜ早く戦争をやめなかったのかと政治家や天皇(「天ちゃん」)までも批判する記述が日記に現れるのだ。一一月六日には、アメリカ兵の行動が気にならなくなり、「終戦の有がたさ」を感じるようになっていた。九日には朝日大衆講座の聴講に行き、羽仁説子の「婦人と教育」という講演を聞き、「理想ある自由の生活」、「(自由とは)責任をもつことであって放縦とはちがふ」という話に感激している。

一二月一六日には、戦犯容疑者として逮捕されることをおそれて近衛文麿元首相が服毒自殺した。彼女は、マス・メディアの報道に影響を受けたためか、「運命の子」と気の毒に思うが、「支那事変」の拡大を止められなかった責任と三国同盟に調印した責任があると的確に指摘し、「かうなるべきだったのだ」と批判している(一七日)。また、この頃、平和そのものの尊さを肯定する羽仁もと子の話を、深い共感をもって書き留めている。

(自由学園のクリスマス・パーティーで)ミセス羽仁がほんとに去年はB29が沢山爆弾をおとしてこわかったとおっしゃり、みな笑ふ。平和、私達のこひ希ってゐた平和が世界の上に齎《もたら》され、私達は戦ひの悲哀とみぢめさの中からも、貴方のお力にすがって、この国を再建したい。(一二月二三日)

かつて戦争を賛美していたことの深い自己点検は行われなかったが、彼女も平和の価値を発見したことが確認できる。

戦後の交際と結婚問題

Cが去ると、戸塚海軍衛生学校から帰ってきたBとの交際が復活し、何度も彼の家に行き、深くつきあうようになった。しかし、一〇月二八日に、二人の交際は「友情以上のものと思ってよいか」とBから聞かれたが、彼女は「どこ迄も友情以上のものであってはいけない」と言い切り、プロポーズを断って、帰ってしまった。彼女にとって、Bも結婚の相手ではなかったのだ。「彼の一本気な、純真な点は愛するけれど、一寸こわいやうだ」と考え、それでも相手の気持ちを深く考えることができず、交際だけは続けていこうとした(三〇日)。

一九四六年一月七日にも「君はさうでなくても僕は片恋だけれど恋愛をしたと思ってゐる」といわれたが、「結婚は考へられない」と改めて断っている。自由学園女子高等部卒というプライドは高く、彼女を強く拘束していた。

一九四六年の再出発

一九四六年一月一一日、彼女は婦人解放大会に参加した。講演予定の小説家、宮本百合子は都合で欠席したが、槇ゆうという若い女性の講演を聞いて感心した。その後の座談会に参加し、「男の方と協力して相互理解のもとにきづく新しい家庭生活」はすばらしいと思い、女の人自身が目覚めねばだめだ、と記している。一七日には同級生を訪ね、「自由学園の理想をいつでも、どんな逆境にあっても、常にもってゐたい」と語り合った。二二日には羽仁説子の「女性と婦人参政権」という講演を聞きに行き、こんなにも国民の生活を愛しておられるのかと胸が熱くなった。

原田光子『真実なる女性クララ・シューマン』(第一書房、一九四一年)を読んだ時には、こんなに素晴らしい結婚生活と愛情がかつてあったのだと感銘を受け、「私達の人生に対する信頼感、希望」をもたらしてくれる、と感激した(三月一日)。

しかし、外出する日以外の日には、自宅で早朝に起きて、兄嫁と一緒に食事をつくり、洗濯と掃除をし、それが終わると裁縫をするという単調な毎日であり、「ぼろの洋服きて、私なんか、ごはんたいてゐればいゝんだ」と思って、わっと泣き出したくなる日もあった(二月五日)。二月一七日の金融緊急措置令で預貯金は封鎖され、世帯主三〇〇円(家族一人当り一〇〇円)しかひき出せないことになった時には、「我々プロレタリアの世の中」、働かざる者食うべからずの世の中になった、という危機感を感じている(二月一八日)。一家の学歴は高かったが、生活は楽ではなかったのだ。

一九四六年四月一〇日の総選挙は女子の選挙権が認められた最初の選挙だった。とてもうれしく、厳粛な気持ちになり、前日には社会党の松永義雄・井堀繁雄と共産党の原三郎に投票しようと思っていたが、結局、共産党の原三郎・高田富之・須永甫に入れた

（全員落選）。

浦和でも、配給が滞り、食糧危機が迫ってきたが、それでも、戦争の被害をおそれずに暮らせるということは何事にも換えがたかった。

朝しっとりとつゆのをりた裏庭にたち、ラヂオの六時のボーンボーンといふ音、これきゝつゝ、小鳥のさへづり、朝風の中にあるとき、柿のうすみどりの若葉美しく、白つゝじ、きいろい菜の花、山吹の花、白や赤紫のえんどうの花、まきはじめたキャベヂ、ほんとうに美しく、しづかな幸福、自由の気持を胸一杯にかんじる。私達は戦ひに敗れ、軍隊も飛行機も何もかも失ひ、食糧は乏しく、混沌とした悲しみを味ってゐる。しかし、敗れた山河の何と美《うる》はしいことか、季節の美しさを、しみ〴〵想ふ。去年の今ごろ、激化するＢ29の空襲に怯えてゐたことを思へば、かうして心安らかに、自由にくらせるだけでも何とありがたいことか。（五月一二日）

彼女は、戦争のない、自由で平和な状態のありがたさをしみじみとかみしめていたのだ。また、和服を着て、赤い朝顔の帯をしめ、秋風の中を歩くと、長い青い袂《たもと》が心地よく、「女に生れた幸せ」が胸にこみ上げた（九月一二日）。

とはいえ、縁談をまっていつまでもブラブラしていてはいけない、一生続けられるような教員とか、本の編集などの仕事を探すべきだと母にいわれている（五月一七日）。このため、彼女は、八月には放送局のアナウンサーの試験を受けたが、ダメだった。義兄からは進駐軍に勤めてみてはといわれたが、英語の自信がなく、津田塾でもでていればと悔やんでいる(九月一一日)。

毎日五時に起きて掃除と朝食作りの手伝いをし、その後洋裁の仕事をする毎日は、自由ではあるが単調でつらかった。次第に「抱きしめてくれる愛人」や「いとしい子」がほしいと痛切に思うようになった。Bの父からは「青木さん、家の嫁に来てくれんかなあ」とまでいわれた(九月一日)。Bとはその後も麻雀をしたり、ダンスをしたりという交際が続いていたのだが、とても気になるようになった。でも何だかあっけないようで、戦死したA海軍将校のことが思い出され、「Aさん一人でも生き残って下さったら、このお母さまにやさしくおつかへして、Aさんの優秀な血を継いだ子供を育てて……」と思うとやるせなく、何もかも戦さのためにダメになった、と戦争を呪った(九月二七日)。それでも、結婚を決意して、彼女はBに手紙を出した。

ところが、Bの返事は、結婚したいと思っていたが、一月にはっきりノーと断られたので、すっかり諦め、外科医院開業に専念してきた、今回突然イエスといわれても、というものだった(一〇月六日)。彼女は「人の心を思いやることの少かった自己本位の自分」を反省し(二六日)、改めて自己を抑制・コントロールする修養が必要だと痛感するのだった。

＊

青木祥子の経験からみえてくることをまとめてみよう。第一に、戦後の繁栄を願って耐乏生活をしながら、本気で戦争を支えたにもかかわらず、すべてが空しかったという思いから、戦後の現実が意外に好ましいと思えるようになったことがあげられる。それは、戦死も空襲もない自由と平和の価値の発見ないし確認であった。これは、つぎのように、講和後にも再確認されている。

〔映画「ひめゆりの塔」で〕戦争中の壕の中で、「あの日の丸をまけば、くる〳〵……」〔正確には「あの日の丸を仰げば……燃えてくる〳〵……」〕などの歌をうたいつゝ、白い鉢巻をしめてやるの、みていたら、中島の生活を思い出し、又あの爆音、十年も寿命のちゞむ思いだった。あの灰色の日々を、まざ〳〵と思い出され、もう、もう、戦争はこり〳〵と思う。（一九五三年二月七日）

戦中の中島飛行機武蔵製作所での灰色の日々の記憶から、「もう、もう、戦争はこり〳〵」という意識が定着していくのである。また、戦争が終わることによって、平穏な生活が現実のものとなり、おしゃれや読書や料理や裁縫などなんでも好きなようにできるようになったのは、とてもうれしいことだった。

第二は、職場進出から学んでいった若い女性の社会観である。彼女は、女性が工場で働くようになると、戦後に家庭に復帰した女性の意識水準があがると教えられたが、それは現実のものとなっていった。それに女性解放という戦後の理念が加わると、さらに新しい地平が築かれるように思われた。

第三に、とはいえ、彼女は伝統的な男女役割分担の考え方に強く拘束されていた。そのような意識の下で、女性解放を現実生活で実現しようとすれば、多くの壁につきあたることになる。これについては、下巻の第7章で検討しよう。

第4章　戦争責任論と天皇制

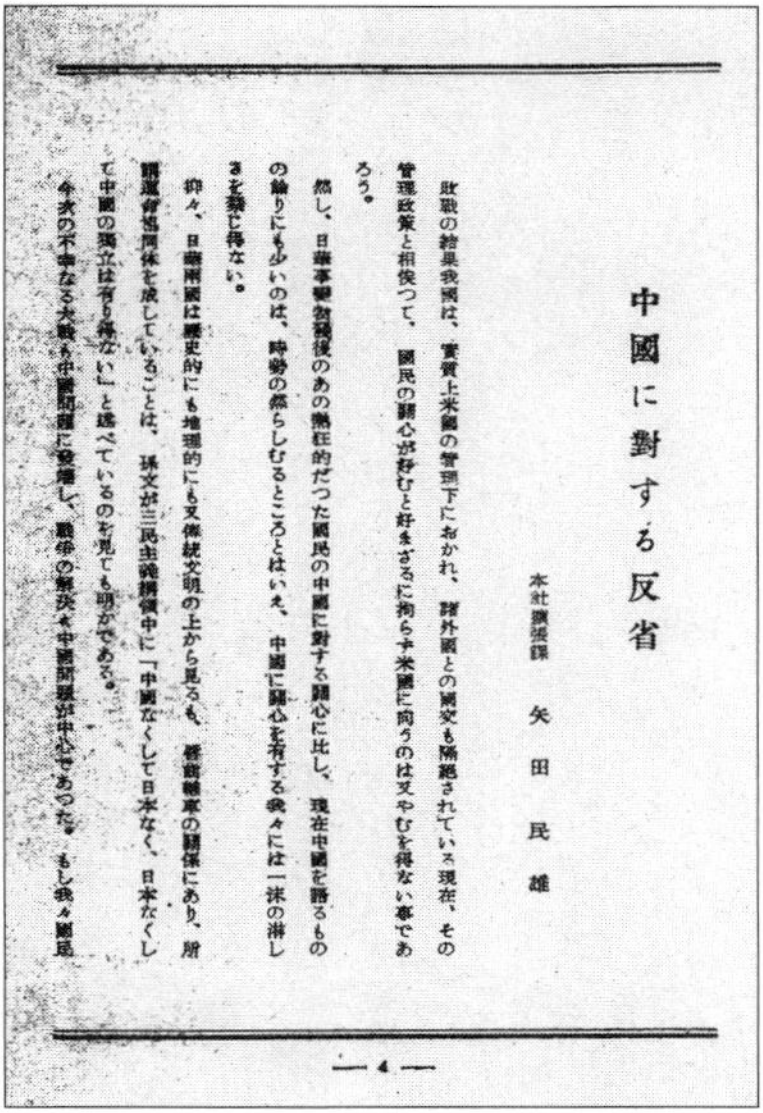

中國に對する反省

本社擴張課　矢田民雄

敗戰の結果我國は、實質上米國の管理下におかれ、諸外國との國交も隔絶されている現在、その管理政策と相俟つて、國民の關心が好むと好まざるに拘らず米國に向うのは又やむを得ない事であろう。

然し、日華事變勃發後のあの熱狂的だつた國民の中國に對する關心に比し、現在中國を語るものの餘りにも少いのは、時勢の然らしむるところとはいえ、中國に關心を有する我々には一抹の淋しさを禁じ得ない。

抑々、日華兩國は歴史的にも地理的にも又傳統文明の上から見るも、脣齒輔車の關係にあり、所謂運命協同体を成していることは、孫文が三民主義綱領中に「中國なくして日本なく、日本なくして中國の獨立は有り得ない」と述べているのを見ても明かである。

今次の不幸なる大戰も中國問題に發端し、戰爭の解決も中國問題が中心であつた。もし我々國民

— 4 —

「中国に対する反省」を書いた武田薬品工業の矢田民雄の論説(『和』同社, 1947年1月号, プランゲ文庫所蔵).

一九四六年、背嚢《はいのう》(背中に負う軍用のカバン)一つを持って外地から東京浅草の自宅に帰ってきたある若者は、空襲で廃墟となった自宅跡を見て立ちつくした。その時「我々の家を焼き、我々の肉親を奪い、多くの貴重なものを失わしめた何者かに対する憤怒に全身は打ち震えた」という(『進路』東武交通従業員組合本部、一九四八年八月号)。このような感慨は、程度の差はあれ当時の多くの民衆に共通するものだっただろう。それでは、日本の民衆は戦争責任の問題をどのように考えたのだろうか。この若者に即していえば我が家や両親を奪った「何者かに対する憤怒」はどこにむかったのだろうか。

1　民衆の戦争責任論

総懺悔論をめぐって

一九四五年八月一四日、敗戦に際しての「内閣告諭」は「既往に拘泥して同胞相猜し内争」することあるべからず、とのべて戦争責任追及の動きを事前に抑止しようとした。続いて、東久邇宮首相は二八日に総懺悔論を提唱した。これは軍・官・民の全国民が天皇に対して「戦敗」を総懺悔するというものだった(『朝日新聞』八月三〇日)[1]。

ここで問題にされているのは、敗戦責任のみだった。また指導者と民衆の責任は事実上同じものとされ、天皇には一切責任がないことになっていた。東久邇宮首相は「一億総懺悔」という表現もしているが、当時の日本の人口は植民地の朝鮮人・台湾人を入れて一億人だったから、朝鮮人や台湾人にも責任があるということになった。これは誰にも責任はない、誰も責任を追及するな、というのと同じであった。

このような総懺悔論は民衆の戦争責任意識を混迷させるワナのような効果をもった。

たとえば、一億総懺悔論に反発するある青年労働者はこう嘆いている。

一体俺達はどこまでいぢめつけられるんだ!!　戦争の責任は誰にあるんだ!!　東京

政府の偉い方はうそぶいた。「一億総懺悔」、皆が悪いんだ、何故ならば戦争に賛成した代議士は君達が選挙したのだから。労働者はどう考えても自分が戦争を起した責任者とは思えなかった。問題が提出されたが、納得出来る答は提出されなかった。此処に我々の苦悩があり、新しき出発点が発見せられない理由があるのだ。(一男「青年部の新しき出発に際して」『炭塵』唐津鉱業所労組青年部・佐賀県北波多村、一九四七年一二月号)

また、民衆の戦争責任を論ずることは、総懺悔論と紙一重のところがあった。岩手県和賀郡岩崎村にある東北電気製鉄和賀川工場の設計係、松井昂は、日本が起こした戦争が侵略戦争であったという事実や軍部の責任を認めながらも、「だが今一歩深考した場合之を国民が何故未然に阻止出来なかった。何故軍に政治の大権を委せて黙っていたのか顧みよ……以上の如く誰人にも敗戦の責任があるのである。吾々はこの際責任追及を論ずることを慎み、自身の不肖を意識することが必要であろう」とのべている(「大東亜戦争責任追及」『爐響』同工場労働組合・岩手県岩崎村、一九四六年五月号)。

広島鉄道局下関管理部渉外室の宮本重芳は、敗戦を終戦といいかえるような日本人の敗戦意識の不徹底さや、日本人の他民族に対する根拠のない優越意識を批判しながらも、「〔敗戦の責任を〕一部の旧指導者にのみ追求して悪しざまに糺弾し、自らは恰《ま》るで戦争傍観者ででもあったかの様に反省の色さえも見せぬ一般の世相」を問題とし、「弥次馬式傍観の態度ではこの危局がどうして乗り切れよう。各自お互いが総懺悔、総反省で、自分らをこの危機の中に据え、先づその足もとから打開してゆきたいものだ」とのべている(「温故知新」『新生』同管理部労働組合連合会、一九四六年六月号)。

これらの主張は、天皇制ファシズム体制の下で、ほとんど全ての民衆が戦争に協力し、それを下から支えたという誰もが否定しようのない歴史的事実をふまえた発言であり、戦争責任問題を自らの問題として捉えない民衆の弱点を鋭く突いていた。しかし、両者とも戦争責任の問題を敗戦責任に限定しているため、松井の場合には、天皇に対して「お詫び申上ぐるのみ」というのが結論となり、宮本の場合も、戦争責任を理由に社長を会社から追放するような動きを「無軌道」と非難することになる。

これに対し、岩手県二戸郡一戸国民学校の教員、鎌倉敬助は「責任は指導者層にあるとする」意見を支持し、「政治家は今度の総選挙には責任をとれ。上層官吏も……潔く転職せよ」と記している(「教育への日々の想い」『初等教育』岩手教育研究同志会・盛岡市、一九四六年七月号)。その上で、彼は「国民として責任のなかったものではない」として「懺悔すべきを懺悔」すべきだ、としている。ただ、天皇に関しては「文化的平和国家を建設し万世に太平を開かんとする為、世界の汚物を掃き清めんとして、大箒をお持ちになられたのが天皇陛下であらせられる」(この部分事後検閲違反)とする某校長の教育実践に共鳴している(同前)。

東北電気製鉄和賀川工場に勤める及川寿利は、日本人の対他民族責任を認めながら「追ひつめれば日本人全体が戦争責任者であるから」、戦争責任は「連合国に論ぜられるべきで、日本人間には論ぜられるべきでない」とのべ、逆に海外や国内にあって戦争に協力しなかったり、反戦運動を行ったりした者を「敗戦責任者」として非難している(「敗戦の責任について」『爐響』一九四六年五月号)。

及川と同様の議論は少なくない。たとえば、日本石油新潟製油所の円山進は「日本の軍隊が皇軍でなくて蝗軍であったと同様に我々国民は日本臣民の真の姿、真の精神を他所へ宿しておった。今時戦争の責任は実に国民全部にある」(「皇国青年に寄す」『油和』同製油所、一九四六年六月号)として対他民族責任をはっきりと認めている。しかし、そのために円山も「一般最高戦争指導者達を連合国ならいざ知らず国民が其の責任を追究する等という事は特別の場合の外は道義上許さるべき事ではない」(同前)という。

しかし、これは敗戦責任という枠を越えて総懺悔論をつきつめると、日本の開戦責任・対他民族責任を明らかにすることになるということでもあった。いいかえると、戦争責任を論ずる多くの民衆的総懺悔論者は、日本の対他民族責任、とくに他のアジアに対する責任(以下、「対アジア責任」と略す)を何らかの形で認めていたことになる。しかし、「聖戦」観が持続していたために、また自分たちは負けたとはいえあの戦争を果敢に戦ったという国家への忠誠心と誇りをもっていたために、あるいは連合国による戦争責任追及に対する防衛意識が働いたために、その検討はあまり深まらなかった。

「だまされた」論

総懺悔論に対するもっとも一般的な反発が「だまされた」という意識であったことはよく知られている。この意識は戦争責任問題を解明する重要な第一歩となるものだった。しかし、全員参加型の天皇制ファシズム体制の下での戦争であったから、だまされたということは同時に戦争に協力したということでもあった。そこではだまされた者の主体的責任という問題も避けて通れない。

また、映画監督の伊丹万作が「いたいけな子供たちは何も言ひはしないが、もしも彼等が批判の眼を持ってゐたとしたら、彼等から見た世の大人たちは、一人残らず戦争責任者に見えるに違ひない」(「戦争責任者の問題」『映画春秋』同社・東京都、一九四六年八月号)とのべたように、だます者とだまされる者とが常にくっきりと分かれていたのではなかった。戦争に参加し協力する限り、民衆もだます側にしばしば立っていたのだ(2)。そこで、だまされて、また、だまして戦争に参加したという事実をどう検討したかが問題となる。

もっとも一般的な反応は、かつてはだまされたが今度はだまされないぞ、という態度であった。たとえば、電産北海道地方本部の一幹部はいう。

日本再建のために実際にかかる生活費の半分程度の賃金で苦しかろうが我慢をしてくれ、と政府や資本家は言っています。戦争中勝つために、と言って耐乏生活を強いられました。東条が必ず勝つと言った戦争は負けました。大資本家と特権階級の利益のための無謀な侵略戦争だったことを今になって東京裁判所《ママ》などで知って、全くダマされて居たことをさとったわけです。(中川副委員長「私達の暮しを楽にする道」『HOKKAI DENSAN』電産北海道地方本部・札幌市、一九四八年九月二〇日号)

かつてはだまされたが、今度は政府・資本家にだまされないぞ、というのである。別のタイプとして長野県小県郡長村青年会女子青年団のある女性は「だました政府の悪るい事はもちろんですが、しかしだまされた私達国民には罪はないだらうか。其の愚かさ、それもまた一つの罪であると私は思います」とのべている(山水「善悪を知る」『四阿』同青年団、一九四七年六月二〇日号)。だまされたこともまた「一つの罪」だという判断は貴重なものだった。彼女は、そういう日本であっても「それを愛する気持ち」をもって助け合って平和な世界を築いていこうという方向に議論をもっていったので、戦争責任論は深められなかった。とはいえ、平和国家論を支持する民衆的な大きな流れの背景にはこのような戦争責任の自覚、戦争協力についての後悔の思い、悔恨があった。

門司鉄道局施設部営繕課のある労働者も「私は唯(軍閥に)だまされた憤りに全身震うのを覚える」とのべ、「何が故に破れたかの根本理由を確認す」べきだと論じている(H

G生「力」『槌音』同課、一九四七年一〇月号)。その立場は「然《しか》らば如何にすればよいかの根本策を思索して再建に志すべきである」という点にあり、敗戦原因を追及して、復興に役だてるという議論となった。

　京都府天田郡上六人部村に住む元兵士は、復員後「聖戦はその実満州事変以来の大陸侵略政策に外ならなかった」と知らされて、深い谷に突き落とされたような気分になっていた。彼は「乏しい物資と固陋《ころう》な組織と低い科学水準でよくあれまで戦かったものと驚くばかりである。それが正義と信じさせられていたからこそ戦って生命迄も捨てゝ来た兵になんの罪があらう」とのべている(復員生「一復員兵士の告白」『青年会報』同村朋友青年会文化部、一九四七年二月号)。ここには、劣悪な状況でよく敢闘したという誇らしさが、だまされたという無念さと共存しており、戦争責任を追及するというより、自分たちの責任を追及してくれるな、という姿勢の方がより強く現れていた。

「だまされた」論の系列に、支配者と民衆を区別することによって民衆の戦争責任を全く問わない議論もあった。秋田県教員組合情宣部はいう。

> われ〳〵は、はっきりとこの戦争に追込んだものはわれ〳〵勤労階級ではなく、従って敗戦したものも亦《また》われ〳〵勤労者でないとゆうことを把握しなくてはならない。むしろ世界の民主的な国々の人々がわれ〳〵を束縛していたあらゆる人民の敵を駆逐してくれたのだとゆうことである。この人々に誠心をもって応える唯一の道は

われ〳〵が真に民主的な人民であり、平和と自由を愛好する人民であることを、日本の完全な民主化とゆう具体的事実を以て示すことである。(「主張 闘争と創造」『NEWS 秋教組』同情宣部・秋田市、一九四八年五月三〇日号)

第二次世界大戦の勝者が「民主主義」を掲げた反ファシズム陣営で、枢軸国の支配者が敗者だというのはその通りで、日本人が「平和と自由を愛好する人民」であることを実証することが自分たちの任務だということも大切な認識だった。反面、日本民衆は自らこの勝利を戦いとったのではなく、戦時下に抵抗運動を組織したのでもなかった。民衆の戦争荷担の事実・理由・責任を問わないままに「新たな民主日本」をつくるとすれば、「過去の克服」は困難だった。

「だまされた」論を発展させるには、民衆自身が国家の暴力による犠牲者となった自分をみすえ、戦争指導者の法的・政治的・道義的責任を明確に問うとともに、だまされて戦争に協力することによりアジア・太平洋地域の諸民族に犠牲を強いることになった自らの精神を解剖し、その道義的責任を自覚することが求められていた、ということになるのではないだろうか。しかし、指導者責任追及の声と、対他民族責任、とくに対アジア責任を自覚する声を統合させることはかなり困難な課題だった。

指導者責任の追及

民衆自身が指導者責任を追及する声は少なくなかった。たとえば、長野県下高井郡長丘村の若者、小池貞男はいう。

東条内閣時代公表した戦陣訓の一句「生きて虜囚のはづ《ママ》かしめを享くるなかれ」とは一体彼等は本気で言ってゐたのか、東条、土肥原、島田、米内、梅津、顔をあげろ！　彼等、軍閥、軍国主義の犠牲になって遠く南海の涯、北溟の空に倒れて行った人々、また若き特攻の鬼に対して何と申訳するか。(「『ブシドウ』を尋ねて軍閥の生態を衝く」『機関誌』下高井郡連合青年団・延徳村〔刊号・刊行年月不明〕)

裁判ではなく、追放によって指導者の戦争責任を明らかにすることを求める声も少なくなかった。和歌山市の合資会社菅井化学工場に勤める若者は、自分たちに死を強制した教育者が平然と往来を歩き、極東国際軍事裁判(東京裁判)では軍人と外交官が責任をなすり合い、「軍閥の走狗となった者が地方会社に天下り的に降りて来て、又我々を教育しようとしてゐ」るとして、「彼等に明らかに戦争責任を」とらせ、「明るい平和国家」をつくらなくてはならないと主張した(スガイ読生「現代青年気質」『すがゐ』同工場、一九四八年一月号)。

学生政治同盟は、連合国の追及による戦犯を「国際的、外面的戦争犯罪人」とよび、軍人・政界人・官僚・実業家・教育者などあらゆる部面の指導者階級を「国内的、内面的戦争犯罪人」とよんで、厖大なこれら「犯罪者」を処断することが改革の第一条件だとのべている(「内面的戦争犯罪人」『開拓者』同同盟・東京都、一九四六年二月号)。

広島県御調《みつぎ》郡坂井原村の下谷青年親睦会の会長、北野逸貴は、暴を以て暴に報いるべからずという趣旨の二宮尊徳や蔣介石の言葉を引きつつも、つぎのようにのべている。

戦争犯罪者、協力者をそのまゝにして置くことは、日本の民主的復興の為にも、又世界の信を得る為にも、断じて許されるべき事柄ではないのであって、徹底的に之を追放すべきである。……地方に於いても当然追放さるべき人物が今だに平然として公職についてゐると云うことを良く新聞紙上でも見受けるが、これはポツダム宣言の命ずる日本民主化を妨たげるものである。此の様な利己的な特権を護持せんとするものに対しては「政府又草を分けてこの悪人を尋ね刑罰すべし」である。(「附加言」『しんぼく』同会、一九四八年五月号)

このように指導者責任追及の声は数多くあがった。それは、東京裁判の審理や公職追放が進む中で、その不徹底さを訴え、「民主国家」「平和国家」の建設を提唱するという特徴をもっていたが、GHQが日本人による戦争責任追及を抑止したこともあり、自らの手で指導者の責任を追及する方法論やシステムを作り上げるとか、そのための具体的提案を明示するというところまで進むことができなかった。

戦争責任感を薄める議論

戦争責任の解明を曖昧にする議論としては「自業自得」論があった。福岡県那珂郡南畑村青年団の田中清逸は、ビルマ戦に参加した兄がタイのバンコクで戦病死したことで、精神的に深い衝撃を受けていたが、そのやりきれない思いをこうのべている。

何の為の戦だったのか!! 多大の兵員を失ひ、莫大なる戦費を消耗し、あげくは惨敗地に塗れ、国民は窮乏のどん底に落魄《らくはく》してしまった。否こんな事は今更云うべきではないのだ。戦争に就ての惨害は全く自業自得だ。口に出さず忘れてしまはねばならぬ。(「同境遇の人々に」『みなみはた』同青年団、一九四七年三月号)

彼は指導者の敗戦責任を認めながら、現在の境遇を「自業自得」と諦めることによって、その追及を放棄しようとした。全人格を挙げての戦争協力という事実は、戦争責任問題を考えるという発想を圧倒してしまった。

敗戦責任追及をうやむやのうちに中止する別の原因として、民衆の前向き志向があった。福岡県宗像郡赤間町青年団の一青年は「これだけの大戦争が行はれ、これだけの大悲劇が起りながら、自ら国民に対して申訳が無かったと言って呉《くれ》るものが一人も無かったことが、国民を棄鉢的にしなかったと誰が言い得るだろうか」と、敗戦責任を誰も取らなかったことをいきどおりながらも、他人に責任を転嫁していては日本は救われないという。そして、「俺が日本を救ふのだ、俺が民族を救ふのだと国民一人々々が責任を取り戻しさへすれば、日本の復興は易々たるものとなる」と論じている(K・S「責任の喪失」『青年あかま』同青年団、一九四八年八月三一日号)。こうして、誰も責任を取ろうとしない無責任体制を問題とした貴重な議論が、責任の所在をぼかし戦争責任感を喪失させたまま、復興と「民主日本」の建設へとむかう議論になった。

同様の議論は長野県小県郡中塩田青年団の機関紙の論調の中にも見られる。「責任」と題した無署名の一文は、敗戦責任を論じ、自決した将軍・大臣たちの責任の取り方にふれて「国家の将来を、国民の生活をこんなみじめな物に陥入れた責任が死ぬ事によって解決されるものならば、将軍、大臣、重臣の責任と云うものが何と軽い責任であっただろう」と、その安易さを鋭く突いている。しかし、彼は、そのことにいらだちながらも「責任という観念」は「負へない事の様で有る」から、「責任を問ふなどゝつめ寄るもつまらぬ事である」として、戦争責任の追及をやめている(『中塩田時報』一九四六年一一月五日号)。

戦争に協力した時の自らの「至誠」を理由として、逆に戦争責任を追及する者を非難する例も少なくなかった。長野県諏訪郡金沢村の宮坂寛美は、人間には誤りに気付くということがあるので、過去の「戦争指導者」や「協力者」は、今日必ずしも「平和の敵」「民衆の敵」とはいえないといい、「むしろ、我が主義正しと見識ぶり、慎むべきを慎まざる徒輩より「至誠」の二字に真黒になって働き続けたものゝ方がどんなに尊いか」と反論している(「真の愛国者」『新興文化』新興文化会・岡谷市、一九四六年一〇月号)。

2　極東国際軍事裁判（東京裁判）に対する反応

東京裁判の受け入れ

極東国際軍事裁判（東京裁判）は、否応なしに指導者の戦争犯罪を、証拠を挙げて追及するものだったが、民衆はこれをどのように受け入れたのだろうか。

島根県八束郡宍道町青年団の第五区分団長、庄次義次は、一九四六年七月一六日に行われた青年団の仮装行列で「ジープと戦犯者」という出し物をつくったが、ジープにのった占領軍のMP（憲兵）に連行される戦犯者の姿は「道行く町民の好評を得るに至りました」と記している（『金箭』同青年団、一九四六年一二月号原稿）。戦犯容疑者逮捕は、肯定的に受け止められていたのだ。

判決・処刑についても歓迎する空気はあった。日本窒素肥料の大戸迫猛は「来るものが来たるに似たる安ど感を覚えつつ読む判決文を」と詠み（『蟻』日本窒素肥料尚和会文芸部水俣歌話会・熊本県水俣町、一九四八年一二月号）、静岡県のある女性は「七戦犯処刑の報を聞いてより日本建設の底力涌く」と歌っている（周智郡城西町・米子『静岡展望』一九四九年二月号）。

とはいえ、このように積極的に判決・処刑を受け入れる態度は必ずしも民衆の共感をよばなかった。もちろん、東京裁判での審理が人びとの心の奥深いところを撃つ局面もあった。たとえば、南京大虐殺の審理はつぎのような歌を生み出していた。

　子の前に母を犯しつ夫《つま》が妻《め》をうばいたりけるすめらぎ軍か
　戦いに敗れたる日のくやしさを忘れしめたる悲しききょうかも(佐伯仁三郎「南京暴虐の裁かるるに」『槻の木』槻の木舎・東京都、一九四六年一〇・一一月合併号ゲラ。傍点部分は検閲で削除)

東京裁判への反感・批判

大沼保昭は、東京裁判に対する日本人の態度は、戦後史を通じて、「第三者的観点」からする消極的是認と、連合国の偽善に対するシニシズムという地点から「一歩も出ることがなかった」とのべているが[3]、東京裁判に対する批判は少なくなかった。一九四六年一一月三日に行われた福島県安達郡二本松町主催の仮装行列では、若者たちが「東条、大川の死刑執行のみこし」を出そうとしたが、保守派の反対で参加できなかった(『霞城タイムス』霞城青年連盟、一九四六年一二月八日号)。

　三菱化成黒崎工場(八幡市)に勤める労働者も「公職追放者各位もかつては吾々が「清き一票」で公務を委ねた信頼者」であり、また、「交戦国の一方より見たる場合は当然犯罪者たるを免かれない」としても、同種民族としての我々は「道徳上の罪悪者視してはいけない」とのべている（臥龍生「私哲学」『新開』同工場勤労課保衛係、一九四七年二月号。事後検閲違反）。

札幌鉄道局保線課の池守昌幸も「唯今こゝではっきりといい得ることは、もし今回の大戦の結果が勝者、敗者その位置を異にしていたならば裁くもの、裁かれるものの位置が全く転倒していたということである」という（「裁判・法・道徳」『BOKUFU』同課睦風会、一九四九年三月号。事後検閲違反）。このように、問われている罪は絶対的なものではなく、立場を変えれば犯罪には当たらないものだとする意見は少なくなかった。

連合国側の戦争犯罪を不問に付したままの、一方的な追及は、大沼がいうように欧米諸国の偽善に対する批判を生むことになった。長野県東筑摩郡今井村の塩原富男は「現在の報道機関が堂々とアメリカの非を難じソ連の悪を発表しうるだろうか。戦争は負けた国にのみ責任があって勝った国にはないだろうか」とのべている（「深く考えよ」『新興文化』新光出版社・岡谷市、一九四六年五月号。傍点部分は事後検閲違反）。広島県御調郡向島東村にある日立向島造船所労働組合青年部の若者も同様の問題を論じている。

> 極東軍事裁判では日本人が外国人に危害を加えた者が裁判されている。そして日本人は当然だと考えている？　然るに、日本人に危害を加えた者は裁判されなくても良いだろうか。これ等残虐行為を不問に付して顧ないことは日本人が人間としての

矜持を失っている証拠である。（H・S生「自省」『建造』一巻二号、一九四六年（刊行月不明）。事後検閲違反）

この二人が日本の対他民族責任を認めているのであれば、これは正当で重要な議論であった。

静岡県小笠郡倉真《くらみ》村青年団の佐藤行雄は「戦は確かに日本が負け米国が勝ちです。然れども勝敗に必ずしも正邪が沿う者では有りません」とのべ、さらに「いかに侵略的と言へども〔それならどうして〕世界における日本の地位は彼の所まで発展したのでしょう」（「真の再建者に!!」『団報』一九四七年四月号。傍点部分は事後検閲違反）として、日清戦争以来の日本の進路を肯定している。ここには、勝者による一方的な裁判という東京裁判の負の側面に対する正当な批判がある反面、対アジア責任意識が完全に抜け落ちていた。

国鉄労働組合吹田支部青年部の高田秀夫（機関士）は、「勝てば正義だ」という立場から戦勝国による東京裁判の偽善性を批判しながら、他方で、裁判にかけられた二八人のA級戦犯容疑者は、ドイツのゲーリングのように男らしく責任をとろうとしなかったと非難している。「次々と報ぜられる東京裁判を知るに付け実に涙の出る程情なかった。貴方達が無罪を主張すれば一体誰が此の責任をとるのだ」。彼は「幾多国民をサクリク《ママ》し生命財産を破壊した」責任を問い、快く裁きを受けてくれることを求めた（「戦犯者二十八名に告ぐ」『渓流』同青年部、一九四八年八月号）。彼は戦勝国の一方的裁判と戦犯容疑者の責任逃れに共にやりきれなさを感じ、連合国の追及する「罪」を背負う英雄的行動を戦犯容疑者に期待していた。

東京裁判が生んだ感慨の多くはもっとあいまいで表現しがたいものであった。それは、たとえば、いくつかの短歌雑誌(一九四九年発行)に載った歌に現れていた。

裁断の厳しさを今は肯《う》べないつつなおよどむわが小さき感情(村田芳留子『水甕』同社・東京都、三月号)

絞首刑終りし朝の張紙に我黙しつつ宿に返りぬ(高松・佐藤哲史郎『青垣』東京都、三月号)

刑の執行すでに終るとラヂオ告ぐ味気なき昼餉かみしめており(吉田福寿、同六月号)

東条さんは矢張り偉いと低く言う兄に和しまた反発す(札幌・山田敬、同五月号)

絞首刑とは気の毒なりと広田被告に夕餉の後も妻がこだわる(東京・赤堀太郎『地上』一月号)

東京裁判に対する傍観者的態度

東京裁判に対して多くの民衆がとったもう一つの態度は、無関心ないし傍観者的な反応だった。短歌雑誌『水甕』には「東京裁判判決の速報凧にはためくを人かえりみるなし」(蒲生政太郎、一九四九年三月号)、「坦々と読みすすみゆく判決の声をききつついねむとするも」(松川海彦、同年五月号)といった歌がのっている。

多くの民衆が傍観者的だったのは、判決は二五人の被告が受けたのであって、自分たちは関係ないという気持ちであったことにもよる。その背景には、ある出版社が批判的に紹介したように、「旧日本の指導者は、正直な、純情の日本人のほとんどを、唖や盲にしてだませるだけだまし、ただむりやりに引きずりまわして、ついにこの敗戦に導き、わたしたちを、現在のこの苦しみにおとし入れた」のであって、自分たちに責任はないとする考えがあった(「日本民族再生の鐘がなります」『社会科ニュース』公友社・名古屋市、一九四八年一二月号)。

このような中で、東京裁判を経過しても事態はほとんど変わっていないことを指摘する声があがっていた。国労一関機関区班の熊谷正は次のようにのべている。

> 東条等は只(戦争によって国を創るという)日本民族の斫うした根本精神の絶頂期に達した時代の日本人本来……の姿ではなかったらうか。東条等は処刑された、やれ軍国主義時代は世紀の遺物となったなどと思ったらこれこそ実に大きな錯誤であると思う。……東条等七名が処刑されたのであって、日本人個人々々には身心共に健全な存在を続けてゐるのではあるまいか。……民主々義といふ仮面に依って幾多の日本帝国主義がかくれて生きてゐる。即ち東条等はまだ生きてゐるのだ。(「東条元首相等の処刑と青年の覚悟」『ばくしん』同班、一九四九年二月号。傍点部分は事後検閲違反)

これは、東京裁判にもかかわらず、日本人の「帝国意識」は克服されず、そのまま生き残っているという指摘だった。東京裁判によって、二五人の指導者の戦争責任は明らかにされた。その意味は小さくない。だが、それ以外の日本人の戦争責任問題の主要な部分は決着が付けられなかった。

しかし、多くの人びとは裁判終了とともにこの問題は決着したとみなすことになった。このような中で、東京裁判を生かしていく積極的な態度の一つはつぎのようなものとなった。石川県の白山麓連合青年団は、自分たちは外から強制されるまで「自ら正しい途を選ぶことが出来なかったという深い悔恨」を自覚した上で、「自由を与えられたわれら国民は、それに値する個人とそして国家をつくって行かなければならない重い任務を担っていることを如何なる場合に於ても忘れてはならない」と論じている(「東京裁判に最後の断下る」『白山麓』同青年団、一九四八年一二月一五日号)。この議論は占領軍の言論統制の下でマス・メディアが流した論調をなぞったものでもあったが、こうして、東京裁判による戦争犯罪の追及終了後のつぎの課題は「平和民主国家」の建設ということになった。

民衆による戦争責任の自己点検

東京裁判の過程で民衆自身の戦争責任を問う議論が現れはじめていた。新潟県南蒲原郡加茂町にある東芝加茂工場の一労働者は、東条批判について、こう不満を記している。

現在雨後の筍の如く東条暴政を罵り、自己の正しきを主張する連中が続出してゐる。我々から見れば、それ程悪い事が判ってゐるなら何故その時声を大にしてその非を鳴《なら》さなかったかと言ひたくなる。……勤労層の無自覚と歴代為政者の弾圧とにより働く者の陣営が発言権を持たぬごまめに過ぎなかった事は返すがえすも残念に思ふ。

(コラム「蝸牛」『加茂』同工場、一九四六年六月一日号)

ここには、連合国軍に便乗して「東条暴政」を批判する風潮への反感と、労働者の無自覚、および発言権を持ちえなかったことに対する反省といらだちがあった。

国鉄新潟鉄道局に勤める元兵士は、戦争責任の反省なしに民主主義を唱え労働組合を運営する傾向を心配していた。

我々は戦争の善悪は知らなかった。指導者の命ずる儘《まま》に愛国的な感激に血を沸かしつゝ戦争に参加した。其の事はそれとして今、眼を開けて教えられる時、国家や社会と云うものに対して此の様な考え方もあるのだと云う事を見せつけられ、更に人としての生き方に対する考え方の、更に奥深く広い世界もあったのだと云う事を知るに及んでは、只単に、あの時知識を、機会を与えられなかったと云うだけでは済まされない様なうしろめたさを感ずるものである。無意識とは云い戦争協力者である我々が、自身を掘り下げて考えて見る時、問題は一人々々の心の中にある様な気がする。無知に依る無意識の中に彼等に引きずり廻されている己れの姿を只単に指導者の責任として放言して居られるだろうか。此所に厳しい自己反省を要するのではないか。戦争犯罪人は東京裁判に依り裁かれ、追放該当者は追われつゝあるが、之を以って戦争の一切の責任は問い尽くされ、我々は大手を振って民主々義の街道を進めば良いと思ったら《ママ》……無理に押しつけられたとは云い我々個々の心の中には東条的なものがあったし、今だに払拭されて居らない事を認識せねばならぬのではないか。（R復員生「復員者の言」『新鉄文化』同局、一九四七年七月号）

これらの議論には総懺悔論や「だまされた」論を越える貴重な戦争責任意識があったといえるのではないだろうか。

3　他のアジアに対する責任論

責任の自覚

東京裁判であまり問われなかった日本や日本民衆の対アジア責任論は、先送りされた責任論のうちでももっとも重要なものの一つであった。このような責任意識はあまり表面に現れなかったが、つぎの文は数少ない一例だった。

新聞紙上での一中国留学生の日本の皆様にお願ひするの記事を見た瞬間、何かしらシーンと胸の打つものを感じた。どうした事だ、欺《こ》んなはづはない、日本は支那を八年有余も苦しめて来たのではないか、それも東亜の盟主の美名の下に残虐に残虐を重ね尽して来た。それなのに日本に勝った今日なお支那の人達、いや全世界の人達は日本の再建を祈り発展するのを願っていてくれる、この寛大さ、此の博愛の精神、私達日本人は真に恥なければならない。今迄私達は支那人を軽蔑し、朝鮮人を白眼視し、いや世界の何者よりも偉い国と自負してゐた。何とした馬鹿さ加減だ、之れが恐れ多くも天皇陛下の八紘一宇の御精神にそっていたのであろうか、いや過去の事を今更どうかう言っている時ではない、我等日本人は大いに反省し、正しい清い国として、そして苦しめて来た国々の人への償ひにも一日も速く文化に科学に再建し、世界に貢献しなくてはなるまい。（H子「反省するもの」『四阿』長村青年団・長野県長村、一九四六年九月一五日号）

ここには重要でやっかいな問題がつまっていた。中国人が日本人の戦争犯罪を許したことによってはじめて意識される中国人や朝鮮人に対する戦争責任・植民地支配責任感、戦争責任は「八紘一宇」の精神を守らなかったから生じたのではないかとする疑問（「聖戦」観の持続）、そして「過去の事」をつきつめるのではなく、文化・科学での国際貢献をしようとする態度などがそれである。

茨城県真壁郡黒子村に住む斎藤慎吾(立正寺住職・斎藤要輪)は、東京裁判を通じて対アジア責任を自覚した一人だった。つぎの歌はそのことを示している。

南京にマニラに暴虐無慚《むざん》なりし日本兵の罪は償わな(短歌雑誌『山柿』山柿会・同村、一九四七年三月号)

まもなく斎藤は、農地改革を求める小作農中心の黒子農民組合と対立していた地主層・一部自作農からなる黒子協同農民組合から四月の村長選挙に候補として推される保守的な人物だが(石島紀之氏のご教示による、結果は落選)、このような暴虐が起きる原因の一つを「国民全体としての教養」の低さ、特に応召した下層の兵士たちに「人間としての修養が求められなかった」ことにあると考え、「尊重に値する人間たるべくわれら自らが責任を以て自らの修養に努めること」が「日本人の贖罪」になると論じている(同六月号)。修養論を軸にし、人格陶冶の徹底が暴虐を防ぐ力になるという主張で、そこには一定の根拠があった。しかし、これは対アジア責任の問題を下層の民衆の責任とし、人権の尊重や民主化一般の問題に解消する傾向をも持っていた。

同様の傾向は華北で敗戦を迎えた原田博の場合にも現れていた。彼は「皇軍の名に悖《もと》る惨虐行為」をよく知っていたので、日本人を許した中国側の対応をみて、日本人の「道義の完全なる敗北」を感じていたが、暴虐の原因は在華日本人の「民主的な行動」の欠如、「文化程度の拙劣」にあったとしている(「雑感記」『四輪』若芝会・佐世保市、一九四七年三月号)。

これに対し、中国からの引揚者である武田薬品工業本社(大阪)拡張課の矢田民雄は、日本人民の責任を追及しないとのべた蔣介石や毛沢東の言葉を引用しながら、つぎのようにのべている。

中国に対する真の理解や信頼の欠如が、終《つい》に我々国民に今日の悲惨なる現実を招来した事を、我々は先づ深く反省せねばならぬ。……今次の大戦は、我国民にも量る可《べ》からざる犠牲と苦痛を強要したが、隣邦中国が抗戦八年間に、我軍国主義的侵略政策の犠牲となり、蒙った損害の甚大なるに比すべくもない。中国人が日本に対し、最も深刻なる怨を持つのは蓋《けだ》し当然のことであって、我々は何よりも先づ、厳しき自己反省と悔悟の下に、新しき日華関係に対処せねばならぬ。……〔わが国は〕冷厳なる敗戦感に徹し、一切の過去の軍国主義的侵略主義を払拭して、物心両面の何ら根拠なき優越感を棄て、偏狭なるアヂア主義的東亜共栄圏意識に立つ対華観を根本的に是正すべきである。……今日でも一部の識者を除き、一般国民が従来の誤れる教育により育成された対華優越感をどの程度まで清算したか、大いに疑問とするところで、今なお日本は米国に負けたのであって、中国に敗れたのではないとか、国共間の内戦問題の深刻化とか、又日本の技術的援助なしには接収工場の運転も出来ない等、断片的な事実を捉えて、彼等を劣等国民と見る考え方が依然として支配的である。我々はこの際深刻な自己批判により根本的に頭の切り換をなすべきである。
(「中国に対する反省」『和』武田薬品工業、一九四七年一月号)

ここには、日本の中国に対する重い加害の事実とその罪の承認、それを生み出した戦争観や中国観、中国人に対する差別観の克服など日本人の精神革命の必要性が強調されていた。

責任の否定

しかし、表明されたアジアに対する戦争責任論は、大国・中国に対する責任が中心であり、東京裁判で一部追及されたマニラの暴虐の場合を除けば、東南アジアの諸民族に対する責任感や、植民地責任の意識は、ほとんど現れてこなかった(4)。のみならず、責任を否定する議論も少なくなかった。

日清紡績労働組合川越支部の中島三郎は、戦後改革を「君主国家より民主国家への革命」と考え、これによって「人民は解放された」と改革を歓迎していた。しかし、「蔣介石を押立てる青年党が、抗日侮日の教育に、日本打倒に燃ゆるが如き熱情と信念とをして団結とをもって彼を支援した」から日本が負けたのだとして、対アジア責任についてはみとめなかった(「青年諸君に呼びかけて」『労苑』同労組・東京都、一九四七年一月号)。

同様の議論は、山口県玖珂郡柳井町の曽田文彦もしている。

我々は、戦時中東洋せましと南海のはてに亦大陸の広野へと全世界を相手として敢て動ぜず、祖国の為にと敢闘したのであるが、此の太平洋戦争が不正の戦であったが故にこれは敗北を喫したのであるが、あの烈々たる敢闘精神、あの熱情、あの気魄そのまと《ママ》は平和新日本建設の推進力でなければならないと想う。（「青年同士に訴う」『時流』日本民衆文化協会・柳井町、一九四六年一二月号。事後検閲違反）

曽田は一応「不正の戦」だといっているが、重点は明らかに自分たちの「熱情」をたたえるところにある。そして、民衆の献身的な熱情・敢闘精神の記憶のために、対アジア戦争責任意識が薄められるという特徴をもっていた。

4　天皇の戦争責任をめぐって

世論調査

東京裁判で問われなかった最も大きな責任は天皇のそれであった。以下ではこの問題に対する民衆の反応をみるが、まず世論調査から探ってみよう。

各種世論調査によれば、天皇制に対する支持は常に八〇％前後から九〇％台の高率を示していた。たとえば、一九四五年末に行われた日本国論研究所の調査（回答数三三四八）では、天皇制支持九四・八％、否定四・九％、中立〇・三％だった（『読売報知新聞』一二月九日）。静岡県にある東芝富士工場による従業員意識調査（同年一二月四日実施）によれば、**表2**のように、二〇歳以下の不支持一八％をやや例外として、九〇％以上の従業員が天皇制の存続を支持していた。この圧倒的な支持は、東条元首相に対する反感と好対照だった。四一歳以上の従業員は回答した者の一〇〇％が天皇制を支持していたが、そのうちの一四％が共産党を支持していることは、共産党支持者の中にも強固な天皇制支持者がいることを示していた（『富嶽』東芝富士工場・静岡県富士町、一九四六年一月一日号）。

表2　東芝富士工場の意識調査
（無記名，調査票 600，回収数 285）

（単位：％）

質問事項	天皇制を支持するか		共産党候補に投票するか		東条大将を是認するか	
賛　否	賛	否	賛	否	賛	否
職員・男	97	3	6	94	16	84
工員・男	91	9	11	89	16	84
職員・女	100	0	0	100	33	67
工員・女	100	0	5	95	14	86
20 歳以下	82	18	0	100	27	73
21-25 歳	100	0	4	96	10	90
26-30 歳	98《ママ》	3《ママ》	11	89	30	70
31-40 歳	92	8	11	89	11	89
41 歳以上	100	0	14	86	7	93

出典：『富嶽』1946 年 1 月 1 日号.

天皇の「人間宣言」の前後に実施された輿論調査研究所の調査（調査票五〇〇〇・回答数二三九三）でも、天皇制支持九一・二％、反対八・六％、その他〇・二％で、支持が圧倒的だった（『毎日新聞』一九四六年二月四日）。しかし、どのような形態の天皇制を支持するかを問うと「現状のまま」は一五・九％しかなく、「政治の圏外に去り民族の総家長、道義的中心として支持」が四五・三％に達し、「君民一体の見地より政権を議会と共に共有する体制において支持」が二八・四％であったことが示すように、人びとは政治的な権能を全く持たないか、権能を大きく制限された天皇制を求めていた。

日本国憲法が施行されてから約一年後の一九四八年六月に大阪府で実施された大阪輿論調査研究所の調査（回答数七一二）によれば、天皇制存置八三％、廃止一〇％、「どちらでもよい」五％、「わからない」二％だった（同研究所編『再び天皇制並びに政治一般に就いての輿論調査（第二十四回調査）』一九四八年）。存置支持の内訳をみると、「現在の形態がよい」が五五％、「英国的形態がよい」が二八％であった。天皇制存置支持が圧倒的であったのに対し、昭和天皇の支持は必ずしもそうではなかった。昭和天皇の退位に関しては、「退位しなくてもよい」六五・〇％、「機会をとらえて或時期に退位した方がよい」一七・六％、「戦争の責任を負って即時退位する方がよい」九・三％、「わからない」八・一％となり、退位に賛成する者は二六・九％もいた。退位論は年齢が若い程（二九歳以下三四・六％、五〇歳台一八・六％）、また学歴が高い程（高専・大学卒四九・七％、小卒一七・〇％）多く、女性より男性に多かった（男性三〇・五％、女性二一・一％）。

同じ時期にトヨタ自動車工業文化課が実施した社内世論調査（回答数四〇四六）によれ

ば、天皇制支持七九％、不支持八％、「どちらでもよい」一三％であったが、支持政党は社会党四四％、民自党二八％、支持政党なし一八％、共産党七％であった（『トヨタ文化』同社・愛知県挙母町、一九四八年八月号）。トヨタでは、天皇制と社会党をともに支持する従業員が最も多かったことになる。なお女子工員についてみると、他のグループとくらべて天皇制支持が最も低く（七三％）、社会党支持が最も高かった（五二％）。

このような状況の中で、天皇の戦争責任をめぐる議論が展開していくことになる。

道義的責任論

まず、天皇の戦争責任を指摘する声からみていこう。天皇の道義的な責任を問う見解としては木戸幸一元内大臣、三淵忠彦最高裁判所長官、南原繁東大総長のそれがよく知られているが、指導者レベルではない人びとで比較的はっきりした見解を示したのは少数の宗教家であった。たとえば、政池仁《めぐむ》が主宰する『聖書の日本』は、南京大虐殺の責任問題に関連して、つぎのようにのべている。

松井〔石根。元中支那派遣軍司令官〕は南京虐殺の責任者であった。彼が部下を統率し得なかった責任を問われた。当然である。同じ事が天皇陛下に於ても言われる。法理上の問題ではない。道徳上の問題である。ウエッブ裁判長の言った如く、その責任は終戦の時の力で示されている。陛下を愛し、陛下に忠なる者は、陛下が最後の裁きの時責任を問われぬように、今悔いて国民と全世界に謝罪なさることを御すゝめすべきである。(「東京裁判終る」『聖書の日本』同社・東京都、一九四八年一二月号)

このように政池は天皇の道義的責任を明確に指摘している。これとは反対の立場から、福岡県遺族連合会の阿倍燭架はつぎのように嘆いている。

最近、遺家族の中でも、天皇様に対するぐちを口にしていると言うことを聞いて遺憾に堪えない。それは陛下の為に父が、夫が、息子が生命を捧げたのに、天皇様は何等お悔みの言葉を下さらない。天皇様のせいでこんなつらい境遇になってしまったと、天皇様をうらんでいるのである……。(「天皇様を慕うこゝろ」『福岡県遺族会だより』一九四九年三月一日号)

戦争の犠牲を負った遺族の中に天皇への恨みをもらし、天皇の悔やみの言葉を求める声が広がっていた様子がうかがえる。島根県八束郡宍道町に住む三島某も、共産党を批判した論考の中で、天皇の戦争責任を論じている。

共産党は天皇制打倒を叫び、天皇を最高戦争責任者として追及してゐる。自分は天皇を最高戦争責任者として追及する事には全く同感である。何んとなれば、我が国の元首であり、宣戦の詔勅に署名し、我等を戦争に駆りたてたからであり、当然その責任を負うべきである。(「共産党是非論」前掲『金箭』一九四六年一二月号原稿)

彼は、戦争責任の追及は「誠に結構な事である」として、「侵略戦争を開始又は許可」

した天皇および軍部・政府の高官の責任を問うべきだと論じたのだった。三島と共産党との違いは、彼が天皇の戦争責任と天皇制の問題を区別し、天皇制廃止に反対する点にあった。また、彼は「戦争中その目的達成の為に努力するのは国民の義務である」として、共産党の野坂参三に対しては国家に対する「叛逆罪」を問うべきである、と主張していた。

愛媛県川之江定時制高校のある生徒は、日本は天皇が統治する国だったのだから「すべての責任が天皇に帰せらるべきことともとより当然のこと」として、つぎのようにいう。

〔天皇の戦争責任問題がはっきりしないのは〕はっきりさせると都合が悪いからでありま す。何故はっきりさせると都合が悪いのであるか、天皇に責任が及ぶと自分も責任をとらなければならない人が沢山あります。（SE生「天皇の戦争責任問題」『ひうち』同校校友会、四号〔刊行年月不明〕）

彼はこのようにのべて、天皇には戦争責任がないと考える者は自らの責任を不問に付そうとするものである、と鋭く指摘していた。

天皇退位論

天皇の退位を求める見解は、木戸元内大臣・三淵最高裁長官・南原東大総長らが抱いていた。これに対し連合国軍総司令官のマッカーサーは天皇の退位を認めなかった。しかし、天皇退位論は日本人の道義を確立するものとして、天皇制の存続を支持する人びとの中に相当広がっていた。

たとえば、天皇退位によって天皇や天皇制が清らかになり「人心を一新する」ことになる、という議論があった（匿名座談会「風俗時評」『自由公論』同社・東京都、一九四八年一一月号）。宗円寺住職の安満了善は、東京裁判の判決を聞いて「天皇陛下（陛下の称号を廃してはいかが）におかせられては、この際、敵味方幾千万人の戦病死者追善のために御位《ママ》して仏門に入らるれば、宗教思想全国に浸透して、やがて文化日本、平和日本が世界の表に躍動すると思うがいかが」とのべている（「東条ら判決の感想（下の二）」『世界仏教』同協会・東京都、一九四九年四月号）。

これに対し、天皇制廃止を主張する日本共産党は天皇退位論に対して警戒的だった。たとえば、中野重治は「すくなくとも日本の国のなかでいえば、反共とはいえぬまでも決して共産党に賛成せぬ側の人々が、天皇制擁護のための最後の狡猾手段として天皇退位の問題をだしているのである」として批判している（「いわば思想的な面で」『社会評論』一九四八年一二月号）。

天皇の退位を求める声は民衆の中でも少なくなかった。東京に住む主婦、大友ひろ子（銀行員夫人）は、以前は新聞に天皇制という文字が載っていると自分の親が批判されているような嫌な気がしていたが、いつまで待っても天皇の退位がないので「国民の前に責任をおとりにならないのかしらと思って、なんですか、天皇陛下に対する観念が変って参りました」とのべている(『婦人朝日』一九四六年三月号)。

静岡県浜名郡舞阪町の鈴木将允は、「今日の新日本に於て敗戦したとは云い乍《なが》ら、是非共天皇は信念の中心であり、国家の先祖であり、国民としての父祖なのである理由を以てしても、当然存置さすべきが至極結構である」と天皇制の存続を望んでいた。しかし、昭和天皇については「現天皇は新日本革新に多少なりとも面目を失するものと考ふるなれば、皇太子を出し新天皇を継承させるべきが妥当だと思う。連合国の都合に依り御退位、亦は上皇制度を採用しても可ではないか」と退位を求めている(「天皇の退位」『巷の声』田川六郎編・松戸市、一九四六年二月号)。

山口県下関市の独身会・さわらび会の藤田健三も、「陛下は退位される方がよい。全権を有するならば、それだけ全責任がそこに伴う。之は反っておそれ多い事である」と退位を主張していた(『さわらび』二号〔刊行年不明〕)。一九四八年にはさらに徹底した退位論者が現れる。大阪泉大津市の東亜紡織泉州工場に勤める労働者である。

終戦当時、私達無智な者には難解な終戦大詔よりも、分りやすく「国民よ、済まなかった」と只一言云って欲しかったのは私だけで無く、国民一般の気持だったと思ふ。私の知り合ひに戦争に二児を失った老農夫が居るが、……その老人が酔へば必ず呟く「天皇の馬鹿が……」の一言は戦死者□遺家族、戦争犠牲者のすべての人の心の奥に秘められた本当の気持では無いだらうか。私は共産主義者でも無く、天皇制打倒など主張する者では無いが、天皇個人としての責任からも退位するのは本当であらうと思ふ。此の際、位を皇太子に譲り、自分は余生を平和日本の文化のために尽すべきこそ……「陛下の御ため」に死んだ、又殺された幾十万の戦死者に対する幾分かの罪ほろぼしとなり、幾百万の戦争犠牲者に対する償ひとなるであらう。(一整・荒気盲法師「敗戦三周年の日近く」『群羊』東亜紡織泉州労働組合文化部、一九四八年八月号)

敗戦責任を負って、昭和天皇は退位すべきだという声はかなりの広がりを持っていたのである。

昭和天皇擁護論

以上のように天皇制の存続を願いながら、戦争責任を認める何らかの行動を昭和天皇にとってもらいたいと希求する民衆は少なくなかった。これに対し、昭和天皇絶対擁護を主張する民衆の声は強固であった。たとえば、「天皇の退位を言うは参院の副議長ゆえに憎悪極る」(八木繁樹『水甕』一九四八年九月号)という歌や、「明らかに天皇を誹謗する記事ありて憤り湧くはわが本能か」(熊本県荒尾市・山田治夫『袴岳』三池炭鉱労働組合万田青年婦人部、一九四八年二・三月合併号)、「新麦の夕餉を終り大君の退位の記事を読むに只腹立たし」(宮崎県宮崎郡住吉村・藤原光雄『渦』宮崎アララギ会、一九四八年七月号)という歌などにみられるように、昭和天皇の戦争責任を問題とする議論に対する反感は大変強かった。

長崎県北高来郡古賀村青年団の塚勇は村の青年たちの討論会について、「天皇制絶対護持の意見が発表され、それに対して反駁するごく一部の人との間に理論的な応酬などあって、議場は活況を呈した」が、「誤れる戦争に駆り立てられ生死の境をくぐって来た復員者の全てが天皇制絶対護持の意見を有して居ることについては軍閥を恨んでも天皇を恨まない若人の姿をハッキリと見た」と喜んでいる(「無題」『新流』同青年団、一九四七年一月または二月号)。

天皇巡幸と「人間天皇」の受け入れ

大多数の民衆にとって、天皇制を廃止することも、天皇の戦争責任を追及し退位を要求することも、思いもよらないことだった。それは、一九四六年二月一九日からはじまった天皇の全国巡幸で確認されることになった。以下はさまざまな天皇奉迎歌だが、これらは民衆自身の生の声の発露だった。

人浪にもまれて行かる天皇の明かるき面ゆえ涙す吾は(巡幸のニュース映画を見ての作、大野伸穂『密雲』天野剛編・山口県大津郡向津具村、一九四七年一月号)

大君の御手をとりてひのもとをきずきなおさむさとくきよらに(フィリピンでアメリカのニュースを聞いて、消防・F生『新開』三菱化成黒崎工場勤労課保衛係・福岡県八幡市、一九四七年二月号)

きびしかる山陰の冬をゆかしますわが天皇に恙《つつが》あらすな(中西明『あかつき』渡部友好編・島根県飯石郡吉田村、一九四八年一月号。事後検閲違反)

天皇を眼のあたりに今拝みたり菊さきにおう焼跡の街(津田信子『真樹』山本康夫編・広島市、一九四八年七月号)

天皇巡幸によりこのような和歌が全国各地で生み出されたことは、天皇の基盤は盤石であることを示すものだった。

天皇巡幸に対する批判がなかったわけではない。熊本県天草郡本渡町の日本共産党天草事務所は「間隙を狙って保守勢力が蠢動《しゅんどう》し、天皇天草巡幸運動が進められ、村々では天下り的に署名捺印が集められた。町での不人気をみて此の運動を軽視してはならない。何故なら、天皇天草巡幸運動を看板に、保守勢力の温存、その拡大工作が企てられることをこそ看破しなければならないからである」と警戒していた(「天草島に於ける民主主義運動の展望」『あかつき』同事務所、一九四七年一二月号)。

しかし、このような批判は、天皇を心から奉迎するつぎのような民衆の前では、無力だった。一九四七年一二月四日、山口経済専門学校グラウンドで天皇を迎えた山口県熊毛郡室津青年連盟の吉本助男(元兵士)はいう。

午前十一時二十二分、ぎっしりつまった奉迎場に、待ちに待った陛下のお成りである。場内の一角に万歳のこゑがあがった。すると瞬時にしてそのこゑは場内にあふれたのである。私の周囲の人たちもおの〳〵声を張りあげて叫んでいる。しかるに私はどうしてもこゑが出ないのである。腹の中では叫んでいるのに唇がふるえてでないのである。私はただ黙って万歳のこゑに応じて帽子をふっておられる陛下のオーヴァ姿をぢっと見ているばかりだった。私はその時、北海に、大陸に、南溟に「忠誠」の血を流した幾百万の戦友のことを考えていたのである。「天皇陛下万歳」それは彼等の死の寸前における叫びではなかったか。……天皇！　われらが天皇！私は台上にはっきりと人間・天皇の姿を見たのである。そして生れてはじめて見る陛下のお姿に再び感激に打ちふるへたのである。今こそ陛下と私たちはぴったりと結ばれたのだ。われ〳〵と共にある陛下、われ〳〵も亦陛下と共にあり。(「五分間の感激」『旬刊室津』同連盟・山口県室津村、一九四七年一二月一〇日号)

多くの遺族たちにとっても、天皇の巡幸は格別のものであった。弟を戦争で失った鹿児島県肝属《きもつき》郡大野校の教員、真枝田志摩子は一九四九年六月三日に天皇を迎えて「あゝ夫たちは、父、兄、弟たちは、この君の為にと(たとい軍ばつの手に踊らされとはいい条)、二度とこない生涯を葬って了ったのである」と感じながら、「遺族達の涙に煙る視野にうつる陛下の姿こそ、父や、子の、夫の姿と見えることであったのだ」と、親愛の情を現している(「御巡幸を迎えて」『鹿児島教育』鹿児島県教育会・鹿児島市、一九四九年八月号)。

このような心情は労働組合員でも変わらなかった。従業員三三〇〇名の約一割以上が共産党細胞をつくり「東の東芝、西の三車」とうたわれるほど強力な左翼労働組合だった三菱重工業三原車両製作所労働組合に対しても、一九四七年一二月の天皇巡幸は壊滅的な影響力を及ぼした。同労組は事前に組合大会を開いて天皇の戦争責任、天皇の人間宣言を追及し、満場一致で天皇に「会う必要なし」と決定していたが、実際にその日が来ると、圧倒的多数の組合員が沿道に整列し「三百を越す細胞員まで日の丸の小旗を振って熱狂」した、という(山代巴『山代巴文庫第二期第四巻 原爆に生きて』径書房、一九九一年、二二五〜二二六頁)。

福井精練加工(輸出用羽二重生産)本社工場の若杉岩次郎は「肩すれ違う迄に、接近出来得るこの親しさ、これが民主主義かと考えさせられる」と「民主天皇」への深い共感を示している(「行幸」『精苑』同社、一九四八年五月号)。

このような「人間天皇」「民主天皇」イメージの定着とともに広範囲に受け入れられたのは、以下のような復興の象徴としての天皇像であった。山口県宇部市の沖ノ山炭鉱鉱業所に勤める採炭夫、中森喜代助は、つらい時でも「親父(陛下)がこの間なんと云ふた」と声を掛け合い、復興にはげんでいる、と奉迎の感激を語っている(座談会「御下問の感激を語る」『沖ノ山』同鉱業所鉱友会、一九四八年三月号）。

しかし、天皇の奉迎のために、相当の大金を使って道路・工場をはじめ各訪問先を改修・改築したり、清掃のために民衆を動員したりすることに批判的な声も少なくなかった。雑誌『真相』が「天皇は箒である」といったのは有名だが、熱狂的な歓迎の中でも醒めた感慨を漏らす者もいた。金沢市野田平和町住宅に住むある引揚者はこういったという。

天皇は非常に女性的な感じで威厳などといったものは少しも感じられなかった。それに天皇はたえず口をモグ〳〵させてい……た。「ひきあげてくるのは大変だったでしょうね、つらいでしょうが明るい気持でやって下さいね」と習い覚えていることを暗誦するように云ってさっさと出て行く……。（「天皇を巡るウソとマコト」『すりいと』北陸ぺんくらぶ・金沢市、一九四七年一一・一二月合併号）

日本窒素水俣工場に勤める美才治清は一九四九年六月一日、工場で天皇を迎えたが、見送りの時万歳の声があがると、顔面が総毛だった。だが、その感動は「全身的の感動でなかった。全感性的でなかった。全肉体的の感動でなかった」。一九四〇年の二千六百年祭の時は、偽りなく「御民我生ける徴あり」の感激に打ち震え、「玉音放送」にも感泣したのに、それからわずか三、四年が経過しただけで、「同じ俺が何故あの感激を忘れたのだろうか」、という（「水俣工場に人間天皇を迎えて」『扇友』日本窒素東京従業員組合、一九四九年七月号）。

このように彼は、やや醒めた心で天皇を送迎している。しかし、そのようになった背景には、天皇が「神」から「人間」になったという大きな変化があった。こうして彼は天皇に対する民衆の親しみの感情の大きさと天皇の「善意」を認めた上で、天皇の政治利用を「恐れる」ようになった。

以上のように、純真で、ソフトで、女性的な語り口をもち、かつ国民と共に苦労している「人間天皇」「民主天皇」というイメージが定着していき、多くの人びとは天皇とともに増産・復興に励もうとしはじめていた。わりきれなさを感じる人びとも少なくなかったが、このような中で、天皇の戦争責任も退位論もうやむやになっていった。

＊

戦争責任の問題は、指導者の責任にしても民衆の責任にしても、いずれもあいまいなままにその検討が終わっていった。これについて、真理運動本部（東京都）という団体は「民衆にはきびしい彼ら（東条ら戦犯）に対する批判と自己懺悔とが欠けてゐはしまいか」とのべ、「天皇に対してもその前後に退位説などが噂されたけれども、常に微温的のものであった」として、「自らにきびしくないから、自然に、冷厳な審判をなしえないのではあるまいか」と批判している（「真理時評」『真理』一九四九年一月号）。

戦争指導者に対する批判や民衆自身の厳しい反省は少なくなかった。また、一九五〇年代以降に展開される戦争責任論の原型は民衆レベルでもほとんど出そろっていた。だが、戦中から継続する自民族中心主義的な戦争観・アジア観・天皇観などは形を変えながらも大変強固であった。こうして、戦後日本は「過去の克服」の問題を提出しながら、つきつめることなく出発した。

しかし自らが参加し深く関わった苦い戦争体験・敗戦体験は人びとを新しい日本の建設に向かわせた。そこで、「精神革命」「文化革命」が提唱され、圧倒的多数の民衆は自らの戦争責任感にもとづいて「平和国家」「民主日本」の建設に向かっていった。従って、その追求自体には深い民衆的基盤があったということになる。

第5章　自由と民主主義の再創造 I

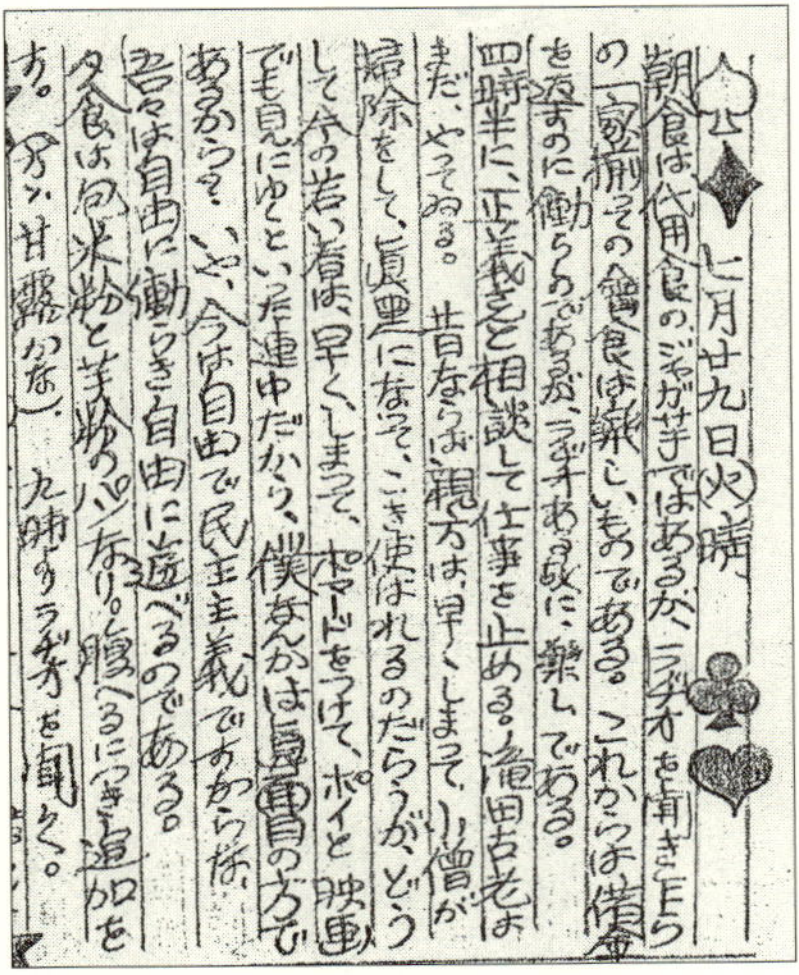
七月廿九日(火)晴
朝食は代用食の、じゃが芋ではあるが、ラジオを聞き乍ら
の「家族揃っての會食は樂しいものである。これからは僕
を返すのに働らくのであるが、ラジオあるが故に樂しいである。
四時半に、正義さと相談して仕事を止める。滝田古老は
まだ、やってゐる。　昔ならば親方は早くしまって、小僧が
掃除をして、眞黒になって、こき使はれるのだらうが、どう
して今の若い者は、早くしまって、ポマードをつけて、ポイと映画
でも見にゆくといった連中だから、僕なんかは眞面目の方で
あるからね。いや、今は自由で民主主義ですからな。
吾々は自由に働らき自由に遊べるのである。
夕食は包米粉と美粉のパンなり。腹へるにつき追加を
す。分が甘露かな。　九時よりラジオを聞く。

「平岡航三日記」1947年7月29日(横浜市史資料室所蔵). 自由と民主主義を謳歌している.

自由と民主主義は、明治維新以来民衆が求め続けてきたものだった。その動きは、自由民権運動、大正デモクラシー運動、昭和初期の労働・農民運動、一九三六年前後の昭和デモクラシー運動と継続する。この間に、自由と民主主義の経験を積んでいた。その上で、深刻な戦争体験を経て、人びとはその再創造にとりくむ。本章では、まず、占領期の民主主義論議を検討する。ついで、二人の労働者(一人は財閥系大企業に、もう一人は小さな町工場に勤める)が自由と民主主義をどのように自らの価値としてつかんでいくかを検討しよう。修養を旨とする民衆道徳を体現する若者の意識と行動はどのように自己革新されていくのだろうか。

最後に、沖縄の市・村役所職員が経済的自立を求めて苦闘し、米軍支配に抵抗する姿をみていく。それはどのような動きだったのだろうか。

1　民主主義の論議

一　民主主義への転向と学習

民主主義への転向をめぐって

日本の人びとにとって、敗戦は初めての体験であり、とても悔しいものであった。しかし、この敗戦は、その中に多くの希望を含むものでもあった。それは、GHQの指令や日本国憲法制定によってもたらされた民主主義により、日本の将来の繁栄（アメリカに近い繁栄）が期待されたからである。こうして、権威に弱い多くの指導者やサブ・リーダーたちが、一夜にして「民主主義者」となった。

フランス文学者の渡辺一夫は、八月一五日を機に「民主主義」にむかって日本人が一斉にすり寄っていく姿をみて、人間としての歩むべき道の探求はこれでは到底できないだろうと、つぎのようにのべている。

「八紘一宇」「一億玉砕」「一億総懺悔」「文化国家」……と形而上学も政治も一応は持ってゐる様子を見せかける我が国が、人間に飼はれる家畜にならぬとは誰が断言できよう。また、人間社会に貢献するとは猫となって飼主の手をしゃぶり、犬となって盗賊を追ひ、食用肉となって食はれることにもあるかもしれない。(「過激な夢」『八雲』八雲書店・東京都、一九四七年三月号ゲラ。検閲で削除)

これは民主主義への一斉転向に対するかなり痛烈な批判であった。そして、多くの若者たちも、一夜にして「全体主義」「軍国主義」から「民主主義」に転向した大人たちを厳しく見つめていた。たとえば、発電と送電を行う企業の労働組合の連合体である日本電気産業労働組合(電産)の千葉県支部木更津分会の若者、小島和夫はこう記している。

なにが民主主義だ／なにが自由主義だ／お前達わ此の間まで／全体主義の衣を着て／ミリタリズムの馬にまたがって／俺達の尻をたゝいていたでわないか！(「小さな抗議」『電産千葉』電産千葉県支部・千葉市、一九四九年三月号)

少なからぬ若者は、このような底の浅い「民主主義」を自覚し批判しながら、それを内実のあるものにしようとしていた。一九四六年、栃木県国本村青年団の増田肇は、アメリカから配給された民主主義という冷笑に反論しながら、日本の無残な敗戦は「アメリカの勝利と言ふよりは、寧ろデモクラシーの勝利と言ふべきであ」り、デモクラシーの勝利は、世界中の「平和大衆の勝利」であるとのべている(「デモクラシーの勝利」『国本青年』国本村青年団、一九四六年七月号)。

八幡製鉄所労働組合青年婦人部は、その機関誌の巻頭言で、今日の若者をとらえている虚脱や放心という精神状態の根源は、いわれるままに行動する他律生活に慣れた精神にあるとして、つぎのように訴えている。

古い武家政治の時代は問はず、維新以後八十年間の導かるゝに狎《な》れた私達の生活は、つひに、こゝまで来て了った。……その一斑の責がこの自治的でない、思考力を惜しむ、お人まかせの国民大衆の安易な生活にないと、どうして云へようか。（「新しい価値系列の樹立へ（巻頭言）」『青年時評』八幡製鉄所労働組合青年婦人部・八幡市、一九四六年四月号）

彼は、このように指摘して、若者たちが自分の思考力を取り戻し、自治の生活を打ちたて、新しい日本の民主主義的「価値系列」の樹立にとりかかるべきだ、と論じている。一九四八年、福岡市城内町青年会のある若者は、明治以来の「富国強兵」に替わる新しい価値は「文化」に見出すべきであり、そのためには、デモクラシーが必要であり、「デモクラシーのない所に文化人は存在しない」と論じている（一野人「文化人とは」『芽生』城内町青年会、一九四八年一月号）。

同じ一九四八年、山口県鋳銭司《すぜんじ》村青年団の団長、内田伸は、敗戦後の日本の現実はあまりに惨憺としているが、自分たちの未来は希望に満ちあふれているとし、その根拠として憲法を挙げ、つぎのようにのべている。

ポツダム宣言は日本を奴隷化しようとするものではない。新憲法は日本の復興を阻むものではない。否これは日本を真に幸福な文化国家として再建させ、人類に寄与せしめる為の最も正しい全人類の意志の表明であると思ふ。（「次代を夢みる」『和同』鋳銭司村青年団文化部、一九四八年八月号）

ポツダム宣言による無条件降伏は、伝統的支配者層に対しては強制であったが、民衆にとっては自由と民主主義の保障であったともいえる。彼は、憲法の指し示す道を、世界の大道、人類の向かう道としてより普遍的にとらえていたのである。

全逓福岡電気通信工事局支部の龍展叶は、若者たちは人生のもっとも大切な時期を軍閥の野望の犠牲にされ、愛国の情熱に燃えて進んで行ったのだが、その青春を今になって「間違ってゐた」「騙されてゐた」と教えられ、何をしたらいいか、どこに向かって進んで行ったらいいかと迷わされ、その結果、エロダンスやエロ雑誌などの享楽にふけるようになっているとして、つぎのように提言している。

我々は自由に論じ合ひ、自由に集り合う権利をもってゐる。その権利を充分に生かすことによって、労働組合でもいゝ、街の青年会でもいゝ、……それらの組織の中にあって、より多くの機会を求め、より多くの人と接触して、お互に論じ合ひ啓蒙し合ひ、磨き合ってお互の向上に務めなければならない……。（「私は考える」『有線文化』全逓福岡電気通信工事局支部・福岡市、五号、一九四八年（刊行月不明））

彼は、戦後に新しくできた組織で、相互に向上するために、社会的に結合すべきだと主張しているのである。

労働者の場合は、民主主義と労働組合運動の関係の理解が重要であった。全逓鳥取郵便局従業員組合の池沢常一は、この点をつぎのように論じている。

民主主義は政治面に於ては人民の政治、……人民の為の、……人民に依る……政治で、国民全部が政治に参与して政治的奴隷より脱却することであり、経済的には労働者の経営参加となって現れ、之に依って経営主の奴隷化〔労働者が経営者に隷従すること〕を防止することである。……民主主義日本に於ては組合結成は必然であり、又結成に依ってのみ経営参加と云ふ目的も遂行出来、結局労働者の社会的、経済的地位の向上、将又《はたまた》労働条件の改善も遂行出来るのである。(「民主々義と組合運動」『震土』全逓鳥取郵便局支部・鳥取市、一九四七年一月号)

池沢は、このように経営参加をもふくむ労働運動の必然性をのべて、その前途は洋々たるものであると締めくくっている。

書店の丸善に勤めるある若者は「吾々労働者の地位が社会的に認められたのは、太平洋戦争のお蔭であるとも云へる」とし、日本国憲法で基本的人権が認められたことを歓迎し、それを生かすべく、知識・人格を磨かなければならないとのべている(三八生「まづ実力を養へ」『丸善文化』丸善従業員組合・福岡市、一九四七年六月号)。

このように、各方面で、「与えられた」民主主義と基本権を生かすべく、まじめな検討がはじまっていた。

民主主義の学習

民主主義とは何かをめぐって、議論が闘わされ、その学習が進んでいった。アメリカ型の「民主主義」をめざすのか、ソ連型あるいは民族解放運動型の「民主主義」をめざすのかという論争が生じていた。たとえば、一九四六年、政治学者の松下正寿は、デモクラシーとは自由と平等の総合であり、その両方が存在する社会がデモクラチックな社会であるとし、ソ連のデモクラシーは未来の自由・平等のために現在の自由・平等を犠牲にするものだと批判した。そして、アメリカは現在の自由・平等を愛するがゆえに、現在の不自由・不平等を駆逐しようとするとして、後者から多くを学ぶべきだとした(「アメリカのデモクラシーと諸外国のそれ」『実業之世界』実業之世界社・東京都、一九四六年一二月号)。

同年、雑誌『実話と読物』顧問部は、「右の風にも左の風にも足をとられず」、自分の立場・信念を守り、国の政治を良くしようと努めるのが真の民主主義だと主張している(本社顧問部「民主主義とは」『実話と読物』博文閣・東京都、一九四六年六月号)。

これに対して、三井化学三池染料工業所の職員、龍覚は、一九四八年に、新しい民主主義には社会的、経済的平等が重要な要素になるのであり、それがもっとも発達しているのはソ連であり、東欧諸国や中国の解放区にも民主主義が発達している、とのべている(「民主々義と勤労者」『組合広場』三井化学三池染料工業所従業員労働組合総務部・大牟田市、一九四八年五月号)。

このように議論が入り乱れる中で、民主主義の学習が進んでいった。一九四六年、鶴見造船所の高橋浜吉は、日本に民主主義を育て上げなければならないが、何より世界の信用を回復することが先決問題であり、償うべきは償う必要があるが、何よりも「遵法と秩序こそ」民主主義の支柱だ、と論じている(「デモクラシーの話」『リベット』鶴見造船所労働組合文化部・横浜市、一九四六年六月号)。

一九四七年、島根県伊波野村青年団のある女性は、農村女性の奴隷的状態を日夜目の当たりに見せつけられているので、青年団員の意識の民主化に乗り出した、という。彼女は、青年常会で聞いた二つの民主主義論に深い印象を受けた。一つは、青年団文化部長の話で、アメリカの独立宣言には、「人間は生れながらにして自由で平等である」、「人間は他人に譲ることの出来ない権利を神から与へられてゐる(基本的人権)」、「自由、生命、幸福の追求は是れ等の権利に属してゐる」、「是等の権利を守る為に政府を作る」、「政府にして是れ等の権利を守ることが出来なくなった場合には政府を倒し改造することが出来る」というものだった。もう一つは、青年団の指導者の話で、これまでは「指導しよう、教化しよう」という考えにとらわれていたが、各人、とくに指導者が「小使」となって、言ったことを実践することが必須である、とのべた。このような民主主義に関する言葉は、農村女性の解放をめざす彼女の心に深く響いたのである（第二分団由美子「母」『団報』島根県伊波野村青年団、一九四七年四月号）。

一九四八年、岐阜県出納長の土川修三は、これまで日本の発展は国という一個の生物が発展することであって、そのためにはその細胞である国民各個人の自由・権利が制限され、犠牲になるのはやむをえないと思っていた。しかし、日本国憲法発布後一年かかってようやく、国民個人個人の発展があってはじめて国の発展があると気づいたという。こうして、彼は「この憲法も、民法も、（国家が人を支配する道具ではなく）私共の自由意思から生まれた道義の塊りなのである」と考えるようになる（「憲法施行一年」『新飛騨』新飛騨社・高山市、一九四八年六月号）。

戦争の反省と新しい民主主義の形成

アジア太平洋戦争の経験は、人びとの意識に何をもたらしただろうか。一九四六年、八幡製鉄所監理課の職員、日野愛明は、国家が行った戦争のために自分たち若者が一途に尽くし、犠牲を厭わなかった感情は美しく、正しいものであった、とのべている。しかし、自分たちが素直であるとともに無思慮であり、純粋であるとともに単純すぎ、感激的であるとともに無批判であったと反省し、同じような態度を今もとっていることが

「今日の不幸を一層深めている」とものべている。そして、若者たちは戦前・戦中を通じて長い間方向づけられた思想を簡単には清算できないのであり、そこに自分たちの煩悶があるとし、つぎのように論じている。

　我々の問題は我々で解決する他ない事が知らされ、我々の友人達は真剣に反省を始め、苦悩し懐疑し探求している。そして緩慢にではあるが、長い間喪っていたものを再び自己の内部に見出しつゝある。(「反省より覚醒へ」『青年時評』八幡製鉄所労働組合職員組合青年部、一九四六年九月号)

一九四七年、福岡県上穂波村にある嘉穂鉱業労働組合上穂波支部青年部のある若者は、かつて一身を祖国のために捧げたのに、それは道具として利用されていたにすぎなかったとして、つぎのようにのべている。

　一億一心とは、職域奉公とは、祖国の将来を思へばこそ、血と汗を流し、無我無中《ママ》で働いて来た吾々青年である。敗戦によりやっと自我を取りもどして社会を見渡す時、そこにあるものは何んであったらう。吾々を犠牲にして得た莫大な財産を握る厚顔無恥の輩ばかりであった。

彼は、このように論じて、もう我々はだまされてはならない、現在と将来を見通して「民主の鐘」をたたかねばならない、と訴えている(春丸生「青年に愬ふ」『振子』嘉穂鉱業労働組合上穂波支部青年部・福岡県上穂波村、一九四七年八月号)。

このような、若者たちの反省・苦悩・懐疑の中から新しい精神が生まれ出ようとしていた。長崎県江迎町の井華鉱業潜龍鉱業所のある労働者は、文化の問題などはこれまでは考えたこともなかったが、倫理創造・精神革命ということが一番の問題だとする心ある人たちの動きが、最近身近に感じられるようになったとして、つぎのようにのべている。

　知識の面だけを輸入して、生活倫理をとり入れるのを忘れていた日本であったことを痛感する。それらは戦争中の日本人の行為を思ひ起せばよくわかることである——人道に対する非〔罪〕——新しい精神生活——ヒューマニストとして生きる——の上に私たち勤労大衆が文化生活を営む時、日本は文化国家といえるのだと思う。

（Y・M「思うことども」『潜龍』井華鉱業潜龍鉱業所労働組合・長崎県江迎町、一九四七年三月号）

戦争中に日本人が犯した「人道に対する罪」を認め、今後はヒューマニストとして生きること、そのために精神革命が必要だという、実現は容易ではないが、重要な主張である。

一九四六年、東急電鉄の榎本正身も、第二次世界大戦は「民主主義」と「独裁主義」の戦いであって、日本が負けたことは悲しむべきではあるが、我々勤労者からみれば、独裁主義の敗北は喜ぶべきことであると論じている。しかし、実際には、自分たちはこの独裁主義の手先として民主主義と闘ったという自己矛盾から脱却することは容易ではないとも感じていた。彼は、このような苦悩の中から、連合国から「配給された自由」を一時も早く真に自分たちのものとしなければならない、と痛感するのである(「正しい力」『清和』東急電鉄・東京都、一九四六年四月号)。

同じ一九四六年、東慈道は、戦争末期のフィリピン戦で、一九四五年中に飢餓と窮乏の山中をさ迷い、敗戦直後にアメリカ軍に保護され、復員した元兵士で、帰国後僧職に復帰していた。彼は、捕虜になってからの三カ月の間に、アメリカ民主主義を痛切に体験した、という。それは、軽薄で、無作法で、享楽的だと教え込まれていたアメリカ軍兵士の態度からだった。みすぼらしい姿でフィリピン山中から下りてきた自分たちを米軍は暖かく迎え、歩けない病人は背負い、瀕死の患者には高価な注射をうってくれた。日本将官級の人が二、三の部下と友だちのように語らいながら気軽に巡察に来るのも、日本軍ではありえないことであり、信じられない思いがした。このように、「自己の人格を尊重してもらふと共に、他人の人格も尊重するといふ米兵の民主々義的な考へ方」にびつくりし、民主主義の価値に気づいたのである。また、彼は、日本人に親切だったアメリカ兵の多くが敬虔なキリスト教徒で、よく教会に通っていることにも気づき、宗教的な生活の重要性を強調している(「反省」『浄土』法然上人鑽仰会・東京都、一九四六年九月号)。

なお、アメリカ民主主義に対する深い感動と、フィリピン住民に対する「帝国意識」

の継続という面も指摘しておくべきだろう。彼は、山から下りる時に出会ったフィリピンの民衆について、つぎのように記している。

東亜共栄圏の理論も、比島人にとっては日本中心の侵略的政策としかうけとれなかった。心からの協力を誓った者は、誠に寥々たるものだった。終戦になって私たちが山から下りはじめると、比島民衆は老幼婦女子にいたる迄、私達を道に擁して、聞くにたへない悪口をあびせ、中には大きな石をなげつける者もあった。〟畜生、あれほど可愛がってやったのに、恩を仇でかへすのか。〟と歯ぎしりしながらくやしがり、敗戦国のみぢめさに身をかまれた……。（同前ゲラ。検閲で削除）

アメリカ民主主義の積極的受容という変化とともに、フィリピン人に対する優越的な「帝国意識」の持続という変わらない意識が注目される。

一九四七年、広島県の海田市駅に勤める国鉄労働者、大崎訓三は、デモクラシーとは民衆による政治だということを肝に銘じていた。そして、何事も自分で納得しておかなければ、実際の役にたたないと感じていた。敗戦直後に東久邇宮内閣が提唱した一億総懺悔論についても、つぎのように批判している。

当時の内閣が総懺悔と云ふキリスト教的念仏を唱へた時、我々も相当神妙な気持だったのだけれど、その後徐々に実は終戦どころか歴史に比類ない完敗で、総懺悔どころか戦争させられて、絞られて、敗けさせられて、その上にまたどこ迄苦しめられるか解らないのが国民で、こんな事で、こんな事をし出かした奴等と一緒に総懺悔ではたまらないと云ふ事が解って来た。

彼は政治家がウソをいったら「オットドッコイ」と開き直ってやらなければならないとのべ、ポツダム宣言がいおうがいうまいが、デモクラシーはあらねばならないと自分は一人合点しているのだ、とのべている(「ひとり合点」『労園』国労広島支部文化事業部・広島市、一九四七年一二月号)。このような、戦中と敗戦直後の体験が、民主主義を内容のあるものにしていくことになる。

二　天皇制・労働組合・自己本位主義をめぐって

天皇制民主主義

民主主義と天皇制の関係をどう考えるのかは、民主主義の本質に関わる大きな問題だった。堺市に住む増田正一は、日本国憲法を欽定憲法ではなく民約憲法だとして受け入れている。憲法第九条についても、およそ国家の安危を考えると戦力を保持しないということほど心配なことはないが、世界平和を提唱するには「この捨身の手段こそ大切である」と思って受け入れた、という。他方、天皇については、天皇を憧れの中心として団結していくべきだとしている(「新憲法私解」『もず』もず会・堺市百舌鳥金口町、一九四八年三月号)。

このように、天皇制護持・戦争放棄・国民主権を柱とする民主主義の捉え方は、新しく生まれた「天皇制民主主義」というべきものであろう。一九四六年一月に広島県川尻町につくられた黎明会は、綱領に「我等は国体を護持し平和なる文化国家の建設を期す」、「我等は日本的民主々義に基き理想郷土の建設を期す」と掲げており、これも天皇制民主主義を目標とするものであった(「綱領」『黎明』広島県川尻町黎明会、一九四六年四月号)。

一九四七年、島根化学工業江津工場労働組合長の中島伸も、日本国憲法の特徴・要点として、天皇制の確立、民主政治の高揚、個性の尊重、戦争放棄を挙げ、我々は団結権・団体交渉権・団体行動権をえたのだから、これを武器に憲法の理想と目的を達するため不断の努力をしなければならない、と論じている(「新憲法施行に当りて」『労友』島根化学工業江津工場労働組合・江津市、一九四七年五月号)。これも天皇制民主主義論だった。

労働組合の結成と民主主義

東北配電従業員組合新潟支部の委員長、井越春三は、敗戦後一年間で労働運動が急速に発展したことを回顧し、労働組合運動が日本の「民主革命への最も顕著な現象の一つ」である、と誇らしくのべている(「八月十五日を迎へて」『閃光』東北配電従業員組合新潟支部・新潟市、一九四六年八月号)。

電産千葉県支部茂原分会の稲子忠長は、敗戦日本に少なくて困るのは奉仕精神、多くて困るのは依頼心だとし、「今日の如く金持も貧乏人も国家に寄与するを欲せず、唯、国家より取らんことを欲し、国家に奉ぜずして国家をして已に奉仕せしめんとする」だけでは「民主々義国家確立を望むも恐らくは困難なことであらう」と論じている。そして、彼は、各個人が「組合員の犠牲となるのだと言う尊い精神」を持っていれば、労働者は要求を貫徹し、最後の自由を獲得することができるであろう、とのべている(「依頼心と犠牲」『電産千葉』一九四九年三月号)。

国鉄秋田管理部秋田通信区連絡会の高松某は、ある集落で宴会のために各自が酒を持ち寄るということになったので、一人の不心得者が「俺一人位」と思って酒の替わりに水を持って行ったところ、「さあ飲もう」と注いだら、全部水だった、という話を例にして、デモクラシーの実現のためには、「俺一人位」という精神をやめ、「小さい俺一人の完成」が要求されている、と論じた(「団結の力」『電鐘』国鉄秋田管理部秋田通信区連絡会・秋田市、一九四七年一〇月号)。

一九四九年、吉原鉱業所大志佐炭鉱職員組合(長崎県)の中島常雄は、民主主義が完全に行われるためには国民生活が豊かで、衣食住が足りていなければならないとして、「お互の幸福を求め、永久に平和な生活を営むという人間本来の希望」をめざすことによってこそ、民主主義は強固なものになる、と論じている(「責任」『文化部報』吉原鉱業所大志佐炭鉱職員組合文化部・長崎県志佐町、一九四九年一月号)。

広島県の教員、吉本フサエは、これまで女性教員が何事も男子教員まかせにして自ら考えようとせず、不平を感じても命じられるままに行動し、男子に依存することを「女らしさ」と思うような隷属的・追随的な態度をとっていたと反省し、これでは、溌剌とした「自発創造」の教育も、「個性尊重」の教育もできないとして、つぎのように提案している。

旺盛な研究意欲と探究心とを以って、兎に角本を読みたいと思います。特別用務の無い限り、他の色々な気がねを排し、身辺の雑事も手早く処理して、自由の研究に又は社会問題の討議に、或は講演の聴講に出掛ける等、自由闊達に教養の向上に努力したい……。(「女教師のあけぼの」『芸備教育』広島県教育会、一九四七年四月号)

彼女は、女性教員が総体として勇気ある闊達な女性になって個性を確立すれば、真の男女同権を確立し、「民主的文化国家」を建設するための大きな力となると訴えたのである。

自己本位主義批判

民主主義と自由を求める言動が市民権をえると共に、敗戦後に広まった自己本位主義《ミーイズム》に対する批判も生まれていた。一九四六年、根室特定郵便局のある労働者は、我々はいつの間にか、自分の出世のためだけに前進しつつあるのではなかろうか、と反問し、それは自由主義だから当たり前だというのではなく、権利と義務があってはじめて真の自由主義だと考えるべきだ、と論じている(一風「日本は敗戦国なり」『逓雅』根室特定局従業員組合・根室町、一九四六年八月号)。

京都府西中筋村の加藤高章は、戦中には教練など相当無理なことをやったが、このように精魂を傾けて辛いことをやり抜くという堅い意志を養うことが、民主というようになってから少なくなったとして、民主主義を唱える者の弱さを指摘している(「所感」『虹窓』虹窓会・京都府西中筋村、一巻二号〔刊行年月不明〕)。

一九四七年、国鉄の三重県亀山駅に勤める長谷部一郎も、日本の交通秩序に「強い者勝ちの暴力主義」「自分さえよければよい」という感情が覆っていると嘆いている。彼の主張は、国民が道義に目ざめ、民主主義の正しい見識と教養を養い、良心と実行力を身に付けた時、はじめて日本の民主化の第一歩が実現される、というものだった(「日本の民主化」『シグナル』大鉄局亀山駅連区青年部・亀山町、一九四七年三月号)。

一九四八年、岡山県英保村の中尾トクミは、民主主義を推進しようとする立場からだが、街を歩いていても、汽車に乗っても、自分だけ良ければ構わないというような自分勝手な振舞いが多いと嘆いている。彼女の意見は、「いくらよい憲法が出来ても之が使用を誤れば、いつまでたっても真の民主主義、自由の国家はなり立ちません」というものだった（「新憲法実施一周年を顧て」『やわらぎ』和気郡連合婦人会・岡山県日笠村、一九四八年六月号）。

一九四七年の二・一ストに対する批判はとくに強かった。一九四八年、広島県重井村の若者、村上早苗は、ストを準備した官公労の労働者の月給は上がったが、その穴埋めの課税で弱い農民から税が取り上げられており、温和なる者が馬鹿をみる、と批判している。しかし、彼女は、民主主義に反対なのではなく、農地改革の推進、農村生活の改善、女性解放のために農民が団結して敢闘すべきであるとのべている（「農民魂の雄叫び」『重風』広島県重井村青年団、一九四八年八月号）。

国鉄吹田機関区分会青年部の的場一も、一九四八年夏頃までには、民主主義への人びとの希望・信頼感が薄れ、民主主義のせいで秩序が乱れ、道徳心が失われたと思われるようになった、と感じていた。しかし、彼は、戦後地に落ちた道徳心を回復し我々に幸福を与えるものは民主主義のほかにはないのであって、「人民が《ママ》人民による人民の為の政治」という原則を疑うべきではない、と主張している（「民主運動に就て」『渓流』国鉄吹田機関区分会青年部・吹田市、一九四八年初夏号）。

同年、国鉄秋田管理部秋田通信区連絡会横手分区の平鹿某は、我欲を妨げるものを「封建的」としてしりぞけ、我欲を満たしてくれるものを「民主的」とか「自由主義」

だとして自己の主張を通そうとする風潮を批判し、つぎのようにいう。
民主々義、自由主義と云うが……何れも責任、義務と云う土台がなければならない。依って両主義共に国民全体の道徳的文化的の程度が高くなければ反って悪い結果を招くのは火をみるより明らかなのである。民主々義は一言にして云えば、大衆の権力と云うことで、其の各人が教養の低い者であれば危険であることは云うまでもない。

こうして、彼は、孝行・友情などの「古来の美徳」を守り、責任と義務を果たし、日々反省し、自己を向上させ、民主主義国家にふさわしい国民になろう、と論じている(「封建・民主・自由」『電鐘』一九四八年三月号)。

敗戦直後にあちこちから起こってきた自己の利益のみに執着する自己本位主義に悩みながら、民主主義と自由のあるべき姿を模索する動きが継続していた。

民主主義は輸入されたものか

GHQの指令により戦後改革が開始されたのだから、日本の民主主義と自由は占領軍から「配給」されたもの、与えられたものという側面があることは否定できない。すでにみたように、当時の人びともそのことを意識していた。しかし、そもそも民主主義や自由は与えられれば定着するというものでもあるまい。この点について、当時の人びとはどのように感じていたのかをみてみよう。

一九四七年、東洋高圧大牟田工場のある労働者は、デモクラシーといえば西洋流に聞こえるかもしれないが、民をもって本となすことは昔から儒教が唱える東洋思想にほかならない、とのべている(研二 PM生「附和雷同」『東圧旬報』東洋高圧労働組合教育宣伝部・大牟田市、一九四七年五月二五日号)。これは、先にみた天皇制民主主義論につながる考え方で、かなり深い広がりをもっており、これが極端になると、古代以来、日本には民主主義があったという、融通無碍の主張になる。

このような議論に対し、大庭一は、先の戦争の長い戦いと敗戦による苦い体験から、日本民族は平和の有難さを知ったのであり、これからは、日本人は「いかなる正義人道の名に依るも戦ひは避くべきもの」と考えるべきであり、戦争がいかに罪悪であるかを知る民族でなければならない、と一九四六年にのべている。また、連合国から「民主主義の配給」を受けるまでもなく、敗戦の苦い体験と天の試練から、日本民族は徹頭徹尾「平和の戦士」「民主主義の戦士」として再生せざるをえないのだ、と論じている。そして、帝国議会も自由民権の闘いによって開かれたものであることが示すように、日本の民主主義は無から出発するのではない、とのべている(「民主日本と平和の女神」『世界思潮』世界思潮社・東京都、一九四六年九月号)。

このように、敗戦直後の民衆の民主主義への動きのなによりの基礎は、明治維新以来の日本民衆の民主主義をめざす格闘とともに、アジア太平洋戦争での全民衆的な体験だったことが十分に意識されていたのである。このことを、詩人、のべまつ・まさゆきは、一九四六年につぎのように表現している。

かつて／神国不敗・米英撃滅／そんな旋風を誰が起したのだ／蹂躙された民草たちは／自分たちの生活を／自分たちの平和を／自分たちの文化を／焦土の上に打ち建てるために／怒にふるへながら起ちあがってゐる

彼は、弱かった民草たちは、大きな旋風を巻き起こし、人間になるために立ち上がり、こうして歴史が飛躍することとなる、と捉えていた(「二つの旋風」『詩文学』出雲文芸社・出雲市、一九四六年九月号)。

同年、郷土青年党(釧路市)の北山義郎は、我々がほとんど知らないアメリカのデモクラシーの中に暗中模索して新日本の形を探すよりも、日本の歴史の中にデモクラシーの精神に似た自由・平和・正義を愛した日本人の形を求め、それを「将来の新しい日本に再現することが必要」だと論じている(「日本的民衆主義について」『狼火』郷土青年党編集部・釧路市、一九四六年二月号)。

平穏青年学校(長野県)のある生徒も、日本の民主化は外圧による受動的なものだという見方に反論して、日本が戦争に負けたから民主主義が叫ばれているのであって、勝ったなら民主化は叫ばれなかったと思われるので、外圧的・受動的なものではない、と論じている(湯田中　厳山「創刊号を見て」『志賀』平穏青年学校・長野県平穏村、一九四六年一一月号)。いたましい敗戦から人びとが学び、教訓をひきだすことによって、民主主義が生まれたのだ、という議論である。

鉱山クラブ社の中村五郎は、日本のデモクラシーは、幾百万の血を流して「敗れて取ったデモクラシー」なので、なおさら貴重だと、つぎのようにのべている。

私をして云はしむれば、戦に依って敗れて取ったデモクラシーなるが故に、私は尚更貴重なデモクラシーでなければならないと思ふ。此のデモクラシーの奥には幾百万の尊い民族の血が今尚濤々《とうとう》として流れてゐる。(「変り果てたデモクラシー!!」『鉱山クラブ』鉱山クラブ社・福岡市、一九四八年九月号)

このように、外来ではない、明治維新以降の民衆的伝統にねざした民主主義と、全民衆的な戦争体験にねざした民主主義を確立する必要性と必然性は十分に意識されていた。

2　三菱重工横浜造船所工員の体験

一　戦後の出発と労働運動への参加

敗戦の受け止め方

横浜市に住む花村耕一（一九二六年八月生まれ。敗戦直後に一九歳になる）は、高等小学校を卒業後、一九四〇年から三菱重工横浜造船所（以下、横船と略記する）に旋盤工として勤めていた[1]。一九四四年一〇月、兵役法施行規則が改正され一七歳以上は兵役に編入できるようになったため、一九四五年五月二二日（一八歳の時）に召集令状を受け取った。五月二九日の横浜大空襲では、マッチ箱の中身を空からぶちまけたような焼夷弾の落下を見上げながら必死で逃げている。星雲寮・ドラム缶工場・神ノ木アパートなど近所一帯が全焼したが、幸い自宅には一発も落ちず、焼け残った。

直後の六月四日、甲府市の東部第六三部隊に入隊し、翌日、松本歩兵第五〇連隊に転属された。この部隊は米軍に突撃する特殊部隊だと聞き、全力をあげて死に投ずべしと覚悟した（六月六日）。しかし、食器洗い場で残飯を度々あさって叱られるような食事不足と睡眠不足で体力が衰え、富士山麓での演習はつらかった。

ソ連が参戦した八月九日は、突撃演習のための富士登山にそなえて、ゾウリ作りをしていた。一二日、富士登山中に戦友二名が逃亡した。一五日正午には、ポツダム宣言を受諾するという天皇の放送を聞いたが、日本が負けるとはまったく意外だった。

二一日、書類焼却、小銃の菊の紋章（皇室の紋章）削りなどを指示する命令が届いた。二八日には軍旗の奉焼式が行われた。このころ、全ての軍人は家に帰るのを許すという放送をラジオで聞いて、胸の中に喜びが湧き上がった、という（一九五二年九月二日の回想）。二九日には一等兵に進級して除隊し、三〇日、横浜のなつかしい我が家に帰った。

横船には九月三日に復帰した。一二月三〇日に横船工員労働組合が結成されたが（委員長・木田富蔵）、結成大会の綱領の第一項目は「自治修練の力により社会的地位の向上を期す」というもので、大幅な賃上げとともに、工員の修養による地位向上が目標とされていた（三菱重工労働組合横浜造船支部編『道標　横船支部三十年史』同支部、一九七六年、四一頁）。当時は職員（ホワイトカラー）と工員（ブルーカラー）の間には厳しい区別があり、出入りする門や食堂も別であり、最初の賃上げ要求は「嘆願書」として会社に提出したという（同前、三九、四五頁。横船勤労職員組合の結成は翌年三月。両者が合同するのは一九五〇年七月）。

横船は、日本郵船の子会社の横浜船渠《ドック》という会社だったが、一九三五年に三菱重工に吸収合併された。重工では長崎造船所につぐ規模だった。全国的な規模からみると、造船所としては五、六位の地位だったが、関東では最大の造船能力をもち、空襲による主要設備の被害がほとんどなかったため、米軍の船舶修理にも応えることができる重要な拠点となった（横浜市総務局市史編集室編『横浜市史　Ⅱ』第二巻の上、横浜市、一九九九年、四六九頁）。海上輸送力増強のための船舶の建造・修理、米軍のリバティ船やＬＳＴ（戦車揚陸艦）の復員輸送用船舶への改装、米軍の艦艇の修理が求められ、忙しかった。

花村の一九四六年一月の給料は一四四円だったが、組合の運動の結果、二月には四八〇円となった。「大いなる試練に打勝たん。第一は煙草、第二〔は〕女、出来る丈つつしむべし」と記しているように（四月二五日）、彼も修養により人格向上をめざすことを大事な目標としていた。二月一九日には昭和天皇の行幸を迎え、「天顔」を拝して感激しているが、天皇や皇室を尊崇するという点でも普通の日本人だった。

戦後改革と押し寄せる労働運動

一九四六年五月一五日、横船工員労働組合に青年部が結成され、彼は第一機械支部青年部（約一五〇人）の三名の委員の一人に選出された。多数の中から最年少者として選ばれたので、二〇歳以下の希望を達成するように頑張ろうと、心に誓った。

しかし、実際には、組合活動にはあまり熱心ではなかった。彼が好んで行ったことは、映画をみること、会社のチームで野球をすること、仲間とハイキングや海水浴などに行くことだった。ただ、このような生活でいいのかという悩みもあった。一一月九日には、「今の自分にとりて、何に依り修養し、そして如何なる事にて行はんか迷ふ所なり」と記している。修養の方法やいかに生きるべきかが分からず、情けなかった。

しかし、一九四七年になると、労働運動が彼のところにもいやおうなく押し寄せてきた。親友のひとりが共産党になびき始めたが、この友人とは今後の行き先について、会うたびに話し合った(一月二一日)。二・一ストでは、決行の気分が街中に満ちてきているように感じられたが、彼は、決行されれば日本は危篤状態になるので、事前に解決してほしいと願った(二八日)。ゼネストには反対だったのだ。このストはマッカーサーの指令で中止させられたが、これで日本は救われたと彼は思った。

もう一人の友人が子安国民学校に就職した。この友人の日記を借りて読んだが、自分が数段劣っている、とくに自分の考えは利己的でダメだと痛感した、と記している(二月一二日)。敗戦により大日本帝国が崩壊し、「帝国」的価値観も崩壊したが、その後に現れた利己的な自己愛・自己本位主義におぼれる自分をそのままでは肯定できないで悩んでいるのだった。

これに打ち勝とうとして、組合運動に力を入れるようになった。組合青年部では、青年部長を中央委員に推す選挙運動を行い、当選させることに成功した(二月二七日)。また、文化部がつくられ、青年部報『声』の編集に協力した。彼はもっと組合運動や道徳・常識について勉強しなければならないと自省している。

三月三一日には、横船工員労働組合の大会があった。彼は共産党のヤジを警戒したが、幸いたいしたことはなかった。四月三日には、青年部理事会が開かれ、規約や文化・体育行事などを決定した。青年部図書室の設立も決定され、彼は本の選定を行っている。

四月二五日の総選挙では、社会党の糸川二一郎に投票したが、落選した(神奈川一区の当選者は、社会党の松尾トシ・門司亮、民主党の高橋長治、自由党の三浦寅之助の四名)。

六月一九日、会社側との給与改定交渉が決裂し、拡大闘争委員会が結成された。彼は支部拡大闘争委員に選ばれた。七月一七日には、拡大闘争委員会で、要求を本社責任額二〇〇〇円、場所責任額二〇〇〇円に改めて提出したと聞いた。しかし、交渉は進展せず、二三日に、中央闘争委員会(中闘)は解散と決し、経営協議会で交渉を行うこととなった。彼の給料は一八一〇円になっていたが、生活安定には遠く及ばず、必要な給料を貫いたいと強く思った。経営協議会での協議により、組合は二七日に二七〇〇円を獲得した。

九月九日には第一機械支部青年部の改選があり、副部長に選出された。彼は、文化部を担当し、図書室の責任者を務めることになった。この時、やれるだけやるぞと決心している。一〇月一日、工場支部青年委員会の委員三名の選挙があり、彼は第三位で選出された。やりたくないが、どうしようもないというのが正直な気持ちだった。

表3　花村耕一の月給
(1947年12月)

賃金手当	時間割賃金	316.94
	報奨金	322.79
	臨時手当	824.04
	勤務手当	275.60
	勤続手当	180.00
	本人給	300.00
	休暇手当	54.26
	割増賃金	33.73
	家族手当	900.00
	計	3,207.36

この頃の給与は税込三二〇〇円程度だった(表3参照。実際の一二月の支払いは、傷病手当五二二・六〇円・越年資金六〇五円と前月分の本人給・勤務手当・家族手当が入っていたので、手取り五七〇〇円に

なったが、一一月は一五六〇円しかなかった)。

一九四七年の年末には、小作農だった父が農地払下げの話を聞いてきた。会社を辞めれば払下げを受けられるがどうか、と父から聞かれて、彼は大いに迷った。一生油にまみれて生きるか、土にふれて暮らすか。だが、七年近くも勤めた工場生活の経験や人的つながり、職場の人たちとつきあう楽しさを考えると、やめる決心はつかなかった(一二月一六日)。

労働運動への積極的参加

一九四八年の早々、組合は赤字補塡金二五〇〇円を要求したが、会社は八〇〇円を回答してきた(『道標』五四頁)。第一機械支部は団体交渉を要求することを決定した。一月二〇日、組合の中央委員会が開かれ、五八対六で団体交渉を要求することが決定され、中闘が結成された。彼は支部闘争委員と青年教育部長に選出された。

青年教育部では、「インターナショナル」「赤旗の歌」などの練習があり、彼はその歌詞をガリ版で切り、謄写版で印刷した。また、ビラ張りや呼び込みなどで飛び回った。二月四日の職場大会では、横浜軍政部には命令権なしとの言がGHQからあったという報告と、社会党の米窪満亮労相からは団体交渉を続けてよろしいとの言があったという報告があったため、うれしくなった。彼は興奮して「若き者、熱と意気で行かう」と叫んだ。

五日には、自分で「ドック節」という歌を作詞して、組合員に配布した。その歌詞は「今日はドックの給料日／貰った袋をじっと見て／これで一ヶ月どうしやう／又も降るかよ涙雨」、「物価あがって尚つらい／地獄行くなら八〇〇円／二五〇〇でごくらくよ／地獄へ行く人、気が知れぬ」といったものだった。「ドック節」を歌い、スクラムを組み、ワッショ・ワッショの声をあげて、本部事務所にデモ行進した。

七日、会社は九五〇円の回答を出したが、中闘は満場一致で否決した。一三日、スト に入るかどうかの投票が行われたが、第一機械支部は二一二対二二(棄権四)でスト突入賛成を決議した。しかし、全支部では二三一四対一八五〇(無効四九)で、スト賛成が三分の二に達しなかった。スト権の確立はできなかったが、第一機械支部が第一の強硬派であることを示したので、彼はこれでいいと思った(一四日)。一六日の臨時大会は大混乱したが、スト突入二三五五、会社案承認一八八七、無効二六で、スト突入は不可能となった。

彼は、中闘が仙田実中闘委員長を中心とするグループ、会社の意を受けたボス組を囲むグループ、共産党グループの三者に分かれて対立する様を見て情けなくなった。しかし、中闘委員長は本当の味方だと思って尊敬した。その後、GHQのノーリス大佐の仲介を受け、九五〇円の会社案を受け入れることとなった。彼は、仙田委員長の立場を考え、強硬な態度を撤回し、自分はもっと大きくならなければ、と思った。

職場生活の迷いと闘争の高揚

一九四八年二月一九日、組合執行部(木田委員長)は責任をとって辞任し、二八日に仙田を委員長とする新執行部が選出された。二〇日、青年部委員の改選が行われ、彼は再び選ばれたが、辞退した。当分のんびりしたい、というのがいつわらざる気持ちだった。青年部委員をやめて、二四日から、四〇日ぶりに横船の仕事をはじめた。しかし、頭痛がし、全然仕事をする気になれない日が続いた。家に帰ると、父から将来のために、貯金せよといわれた。それはそうだが、「世の中は、一にも金、二にも金になってしまった」と残念に思った(三月一日)。自己本位主義が蔓延する風潮に自分も巻き込まれていることにやりきれない思いがしたのだ。

一七日の経営協議会では、組合は一人平均税込四五〇〇円ベースを要求したが、会社は労働協約の内容を変える一〇項目の条件をつけてきた。その中には、組合活動は労働時間には含まれないとするノーワーク・ノーペイの原則があった。彼は、会社側に有利になるだけだと、強硬に反対を叫んだ。四月分は新給与となったが、青年層には不利だと感じた。執行部不信が高まり、仙田執行部は六月に辞任へと追い込まれ、木田委員長がカムバックした。

横船は連合国賠償委員会のポーレー報告により賠償のための指定工場とされていたが、アメリカ対日賠償調査団のストライク報告では、除外されることとなった。彼は、これで希望がもてるようになったと喜んだ。また、GHQによる一万トン級の船舶新造で、関東の五造船所に割り当てがあり、うち横船に二隻が割り当てられたと聞いて、前途に光明が見える気がした（四月三〇日）。

五月五日、彼は係長に呼ばれて、小型機械から中型機械へ移るよう命じられた。DZ型ディーゼル機関三台を一年半で作ることになったので、大型機械への人員が必要で、中型から十数名が大型に回り、中型へは小型から回すことになったのだ。これまで、小型の番長として納まっていて本当によかったが、これからは、給料はよくなるが、楽しさがないと思った。中型は、親歯車が大きく、マイクロメーターで何度も計るようにしなければ仕上がらず、誤作動も多くなり、きつかった。

今日も又、修理より来るウォーム軸削正を又誤作す（肉盛の軸）。肉盛り仕直し。後、ピストンの加工にかゝる。仕事に呑まれそうだ。（五月二〇日）

仕事に呑まれそうな気分はしばらく続いた。五月分の給与は四六八〇円になったが、ランニングシャツだけを買っても三五〇円もし、給与が足りないという感が強かった。クシャクシャした憂鬱な日が続いた。

組合は七月に給与手取八〇〇〇円ベースを要求したが、会社の回答は七二〇〇円だった。八月二八日の第一機械支部の職場大会では、二五〇対二六(無効四)で団体交渉を求めることを決議したが、三〇日の組合臨時大会では、団交よりも受諾を求める票が一六〇あまり多く、妥結に向かった。

組合は会社との協調を重視するようになったと彼は感じた。空しさを感じた彼は、趣味の野球・ピンポン・カメラ・映画に入れ込むようになった。このころ、「秘密」(松竹)、「夜のプラットホーム」(大映)、「天の夕顔」(新東宝)、「誘惑」(松竹)などの映画を見ている。六月二六日には、彼の発案で新たに会社の同期会をつくり、談話会、レコード・コンサート、ハイキングなどを始めた。

年末闘争は越年資金六〇〇〇円の要求を決めていたが、一一月二五日の組合臨時大会で、スト行使権を地域協議会闘争委員会に委譲する決議案が、賛成四六六〇・反対九一〇・無効一〇七で可決された。彼は、今までの大会と違って、一方に意思が向かったことで、一歩前進だと思った。翌日、支部闘争委員会の書記を命じられた。回答不満の場合は二四時間ストに入ることとなり、支部の熱は上がってきた。

一二月三日、GHQとの関係で、PD工事(アメリカ第八軍直接工事)のみ続行しつつ、他の業務はストに突入した。彼は、本部前までのデモ行進に参加したが、一五〇〇名が加わって「所長を出せ」と叫ぶなど、これまでの組合員にみられない熱気を感じた。六日も二四時間ストとなり、市外に署名運動に出て、藤沢に行き、八〇〇名の署名を集めることができた。署名してくれたのは三〇代・四〇代の女性が多く、女学生も多かった。彼は宣伝班員に選ばれ、石川島重工へ行って演説したが、あがってしまって形無しとなった。

一三日、職員組合と工員組合の意見が食い違い、統一行動ができなくなった。中闘は、進駐軍の工事が五〇％を超える現状では、その工事の中止はできず、ストは効果なく、職場闘争を進めるほかなしとの結論を出した。これは彼の実感とよく合致するものだった。一五日、組合の中闘委員二名が解雇された。二人は共産党員だった。一七日、越年資金のみ受諾し、闘争態勢を維持して年末調整を要求し、解雇に反対するという中闘の案が、賛成三九支部・反対二支部・保留三支部となり、承認された。

しかし、会社は、闘争態勢を解かなければ団体交渉に応じないという態度をとり、GHQは三カ月の組合活動停止をちらつかせた。このため、一九日、組合は闘争態勢を解き、全員で「赤旗の歌」を歌って泣きながら解散した。二三日、四四〇〇円の会社回答が出て、妥結にいたった。この間、彼は全日本造船労働組合本部からのスト救援資金や、組合からのスト参加手当の配分の仕事に追われた。こうして一九四八年は暮れた。

二　会社・労組からの距離感と生活の楽しみ

スローダウンの生活

一九四八年末に民主・社会・国民協同連立内閣の芦田均前首相が逮捕され、吉田茂を首班とする民自党内閣の下で一九四九年一月二三日に総選挙が行われた。彼は、今回は共産党の春日正一に投票した(神奈川一区の当選者は一位春日、二位社会党・松尾トシ子、三位民自党・三浦寅之助、四位社会党・門司亮、次点民主党高橋長治)。前年の年末闘争で感じたのは、実行力のある人によって組合は進歩するということだった。その二人は共産党員で解雇されたが、中闘の柏木・小川、闘争委員会の大井・椿という有力者も共産党への入党を宣言したということが彼に影響したのだった。

選挙の結果、民自党が第一党となり(二六四議席)、社会党・民主党が凋落した(社会四八議席・民主六九議席)。第三次吉田茂内閣が成立したが、彼は、共産党がかなり伸びたこと(三五議席)をよろこび、会社に行って同僚と握手した。

組合では青年部長になることを請われたが、班内での自分の不安定な位置や生きる悩みなどを理由に断った。しかし、青年部委員の辞任は認められず、職場委員会では支部規約起草委員に選ばれた(二月一一日)。だが、その後共産党シンパ(同調者)とみられたためか、四月八日に不信任案を可決され、青年部委員を解任された。

このころの彼の心境はつぎのようなものだった。自分は名誉も地位も財産も望まない。毎日を平凡に暮らせればそれでいい。一生の仕事として、毎日日記をつけたい。それを使命とし、それによって少しでも修養したい(四月六日)。

また、『リーダーズ・ダイジェスト』(一九四八年一二月号)に載っていた言葉を日記に書き留めている。それは、「十分で達する所へ行く時には二十分かけて、途中をぶら〳〵歩き、目につくものは何んでも見るべきで有る」といった言葉で(八日)、スローダウンした生活の呼びかけだった。彼はそれに共感したのである。

八月二七日、職場委員選挙で、彼は白根班長とともに職場委員に選出された。その後、教育宣伝部長になるよういわれたが、これは断った。副委員長の選挙では、仙田実が当選し、彼が押す一年先輩の秋山長五郎(二五歳)は次点となった(九月一七日)。

九月になってはじめて月給が、分割払いではなく、一度に支払われるようになった。この月は徹夜を六回したので、手取りが一万二二〇円になった。しかし、徹夜が続くと身体がもたず、やる気が失せていった。その不満は時々爆発した。

仕事しないと(班長の)白根さんより(組長の)平戸さんが言って居たと注意され、シャクにさわったので、文句を言ってやる。徹夜〳〵でガリ〳〵アホラセテ、体の具合悪くなって何の世話もして呉れやしないのに。いやな時には出来ないと、完全に

対立してしまふ。しかし、おやじはも少し温〔さ〕が有ってほしいと切に思ふなり。（一〇月一七日）

それでも、電休日（水曜）や日曜の指名出勤に、ぶつぶついいながら出て働いた。

三菱重工分割後の職場生活

過度経済力集中排除法により、一九五〇年一月一一日、三菱重工は東日本重工業（東重。社長・李家孝）・中日本重工業・西日本重工業に分割され、横船は東重に属することとなった。社員には酒肴料三〇〇円が支給されたが、新会社のバッジは練炭会社のようなものになり、少しもめでたいとは思えなかった。

同時に東日本重工業労働組合連合会（東重労連。委員長・横尾吉太郎。組合員一万二二二〇名）が結成されたが、横船分会の組合員は、職員一二〇〇名・工員五九八〇名、計七一八〇名で、最大の分会だった（ただし、横船では職員組合と工員組合は分かれたままだった）。

このころには、彼は工場でよく怪我をした。日記には「仕事がいやで〳〵たまらず定時間する〔勤務時間終了後退社する〕」（二七日）といった記述が多くなる。また、先輩の工員から、人のためも良いが、自分自身のことに力を入れなければだめだと注意されている。彼は、職場委員・渚会（組の親睦会）幹事・同年期会幹事・グループ旅行会幹事などを引き受けていた。そこで、今後は徐々に幹事などを辞退し、仕事に集中しようと思った。

また、「会社有っての自分」と思うようにもなった(二月四日)。組長は徹夜勤務の回数を重視しているので、一生懸命がんばって、徹夜しようと思った。二月の給料は、連続徹夜で頑張った結果、一万三三八〇円になった(一九四九年度の総収入は一五万四五〇六円)。

しかし、このころ彼の心を占めていたのは女性との交際であり、いずれも年上だが、姉のように慕う看護婦のF子、親戚のS子、親友の姉のI子のことが気になっていた。

工場では、NHKのラジオ・ドラマ「新しい道」で放送されたエイブラハム・リンカーンの「私は奴隷にはなりたくない。だけど奴隷を使う身にもなりたくない」という言葉の、「奴隷」を「職工」に変える言葉が流行っていた(四月一七日)。戦後の民主化とインフレで生活が平準化し、工員は差別される存在ではなくなりつつあったが、差別意識は完全にはなくなっていなかったのだ。また、一七日、家に帰ると妹が泣いていた。訳を聞くと、家が貧乏だからと隣の子にいじめられて、カバンを取られたという。金をもって見る世の中だと思うとやるせなく、今に見返してやると憤慨した。

職場では、タービンレース三型を使うようになったが、腕が未熟で失敗が多いため組長から二型に変えるように注意されている。このため、技術の向上に夢中になっていった。

五十嵐さんと仕上面の事、砥石等についてあれこれと、高橋君も加へ夢中になって話して、工場を出たのは十時五分前なり。(五月一八日)

頑張って仕事をしたため、六月は給料が手取り一万五〇三〇円にもなった。二二日の日記には「ホク〳〵なり」と記されている。しかし、仕事が終わると、毎日、麻雀やカメラなどに入れ込んだので、借金もかさんだ。五月一二日には、職場委員改選で、委員をやめた。

朝鮮戦争とレッド・パージと日常生活

一九五〇年六月四日の参議院議員選挙では、全国区で、国連加盟促進を訴える国際連盟協会の細野軍治(元外務官僚・無所属・緑風会)に、地方区では松尾彪五(無所属)に投票した。共産党支持をやめ、政党色のない無所属候補に入れたのだ。しかし、どちらも落選した。

六日には、共産党中央委員二四名が公職追放されたが、この措置には一方的な印象を受け、戦時中に自由主義者が抵抗したように、必ずこれに対する反対の機運がでてくると感じた。一七日には、同僚と映画「きけ、わだつみの声」を見に行った。横浜グランドは混んでいて、二階の階段の中頃に紙を敷いて坐って見た。「非常に印象強き作なり」と思った。見終わって、外を歩きながら、あれこれと思い返した。戦争のいやな思い出は鮮明だったのだ。

二五日には朝鮮戦争が始まった。新聞では、アメリカ軍が陸海空に出動していると報道されていたが、横浜の大口ガードに張ってある朝鮮人のビラによれば、戦争を始めたのは南朝鮮だ、と反対のことが書いてあった。横須賀から通う会社の同僚から、夜中に軍事物資を運ぶトラックの音がうるさく眠れなかったとか、人夫がどんどん送られていくといった話を聞き、風雲急を告げていると不吉に感じた（六月二八日）。

八月には警察予備隊がつくられ、志願者の募集がはじまったが、応募者は、旧軍の下士官や二〇歳から二五歳の若者が大部分で、血書志願する者もあると聞いた。彼は、血気を持っていくところがなく、意思のはけ口を求める若き者よ「道をまよふな」と呼びかけたかった。なぜなら、予備隊は実質的には軍隊と変わりがないのだから（八月一四日）。

一〇月には、横船でも一五名のレッド・パージが行われた。横船労組は、「占領下の特殊事情により反対しても出血のみ予想される」として、反対しなかった（『道標』六九頁）。一七日には同僚のHが詰所に呼ばれていった。主に共産党や共産青年同盟に関係していた者を対象としていると聞いたが、基準がはっきりしないので彼も不安だった。翌日、Hは構内入門禁止となった。先輩のUから、この問題を職場で取り上げてくれといわれたが、断った。

自分勝手の様だが、あの当時の気持はもう全然ない。矢張り自分の身が可愛い身となり、思想に打込む勇気が無くなってしまった。犠せいになった十五名の人には申

分けないと知りつゝも。(一〇月一八日)

彼には、もはや思想や運動に打ち込む気はなかった。仕事の方も熱意を失っていった。二三日には新給与体系による日給辞令が交付されたが、彼は一三七円で、同年期のビリだった。トップとの差は、一四円四〇銭もあった。「勝手にしやがれ。どうせビリはビリだ。適当にやるさ」と彼は不満を書き留めている。

生活が苦しい原因のひとつは、麻雀やカメラや登山などの娯楽にあった。毎日のようにやる麻雀は、負けるたびにもうやめようと思ったが、なかなかやめられなかった。九月には、工場の友人と北アルプスの奥穂高岳に登った。一〇月には同年期会で伊豆長岡の温泉に行った。この月には、カメラサークルの光画会による撮影会が相模湖であった。工場の撮影会では新宿御苑と鎌倉に行った。一二月一七日には「人生中ばにして何もなさず、毎日を遊び暮らす楽天的な人間となりしか」といくらか自嘲的に記しているが、これに、三人の女性との交際を付け加えれば、これらが彼の生甲斐のほとんど全てになった。

朝鮮戦争で、横船の経営は一時改善された。売上高は、一九五〇年上期の一四・九億円から一九五〇年下期三八・四億円、一九五一年上期二六・五億円、一九五一年下期四二・五億円、一九五二年上期六五・七億円、一九五二年下期には三九・一億円と推移した。(2)激しい争議をなんとか乗り越えた経営者は、従業員の福利を考えて会社への取り込みを図っていた。反抗する者はレッド・パージで解雇し、会社第一と考える従業員を育てようとし始めていたのだ。しかし、年末の給与は「予定より少ないのに皆むくれる」というような状況はなお続いており、造船会社の経営はまだ不安定であり、従業員に配当するパイは少なかった。

講和前後の日常生活

花村は一九五一年一月にはやや重い病気に罹り、四月には休職する。このころの生活と意識を見てみよう。四月二七日には、東宝映画「また逢う日まで」を見て、市電を待っている間に、レッド・パージにあった旧知の女性労働者と再会し、この映画の話をした。この女性から、今は職もないが、原爆で死ぬより戦争に反対して死ぬ方がいいといわれ、圧倒されている。彼は「自分の意志通り強く生きる人の前には何一つ言葉もなし」、「俺等は意志もなく、考《かんがえ》もせずに生きる価値なき人間か」と思い、「この問題はもつと〳〵追求したい」と反省している(二七日)。直ちに行動をおこすかどうかはともかく、戦争反対の思いは持続していた。

病気療養で会社から離れてみると、別の生き方も見えてきた。人は「工場生活のみでは生きられるものでない」という感慨が生じていた(五月九日)。

六月一一日、療養も終わり、職場に復帰した。久しぶりに旋盤を使ったが、以前にくらべて工場内はサボることが少なくなっているようで、「サボリヤ」を自認する彼にはそれが身にしみて感じられた。七月一七日、また職場委員に選出された。このころ、『きけわだつみのこえ』(東大協同組合出版部、一九四九年)を読んで、かなりの違和感を覚えている。

当時の気持ふつ〳〵とよみがへる。しかし、生へのあくがれにもえし人いかに多かりしかと感じる。たゞその様な人の遺作を集めし所に問題は有ると、自分は思ふ。余りにも軍国主義をのろふために、一方的に収録したとも解せられて？　不幸にして、ほとんど同年令の人達で有り乍ら、学校に学ばぬ身にとって、単なる自己の周囲にのみしか知らざる身で有り、主議《ママ》も知らず、たゞ与へられた範囲での知識によって、この書に残せし人のごとくに国家、社会を広く見る事の出来ぬ自分だったので、たゞ〝死〟さへと思ってゐたその点に大きな喰いちがいを生じたので一方的と解すのかも知れぬ。たゞ家へ帰りたい、死ぬ前に一度と、それ丈はこの人達と変らぬ意志を持ってゐた点にのみ断言出来る。(九月二日)

戦中に死ぬことしか考えられなかった自分とくらべて、エリート学生たちの生へのあこがれや軍国主義を呪う声を聞かされて、一定の共感をいだきながらも、彼らとの断絶と違和感を記さざるをえなかったのだ。

会社の合理化・リストラ政策に対して

一九五一年一〇月、東重は、新設された再建委員会(労使協議会)で、七尾工場・古河工場の閉鎖、横船一六〇〇名・本社一〇〇名などの大規模な人員整理を提案した。横船工員についてみると八一〇名のリストラ案である。職場は大きな不安に包まれたが、彼は、首にされれば仕方がない、あきらめようと思い、好きな麻雀も断り、旋盤の仕事に打ち込んでいった。職場大会では、会社提案の一万二八〇〇円ベース案(現行一万一九三八円)について、受け入れれば首切りも認めることになるとして、大揉めになった。しかし、一一月には、希望退職を認めることになった。一二月には、希望退職者が七〇〇名近くになり、第一機械部でも六二名が退職した。横船の工員数は六八八六名(一九五〇年)から六〇一九名(一九五二年)に減ったのだ(『三菱重工横浜製作所百年史』七一〇頁)。このため「[その日の仕事が]終了すれば、首の通知あるならんとてソハ〳〵して仕事も落着かず」という状態が続いた(一二月五日)。あまつさえ、一二月には、再び賃金が分割支払いになった。

このころ、三人の子どもがいる三五歳前後の工員が過労で死亡した。毎月一三、四日徹夜労働をくり返し、月給の手取りは二万二〇〇〇円にもなるということで職場の話題になっていたが、結局、自分の身体を食いつぶしてしまったのだ。金と会社にしばられての「不幸な一例」だった。彼は、自分はそのような死に方はしたくないから、今のように無理をせず仕事するが、そのゆえに会社に「にくまれる」と思った(一二月五日)。

一一月一二日には、申し込んでいた住宅金融公庫の融資に当選し、まだ二五歳なのに家を新築することができるようになった。一二月には上棟式も終わり、大きな希望がもてるようになった。しかし、付き合っていたN子は別の男性と結婚し、F子は職員と工員を区別し、職員にあこがれているようだと聞き、これもうまくいかなかった。

一九五二年二月二〇日、会社は突然、給料は支払い不能と組合に申し入れてきた。横船労組の要求で、賃金の一部は支払われたが、労組は賃金の即時支給、時間割賃金の完全支給、経営者の責任追及を掲げて、二二日にスト権を確立した。組合員の爆発的な怒りに驚いた会社側は、二五日には残額を支払うことを約束し、一応収束した(『道標』七九頁)。

このような中で、三月二日、彼は再び職場委員・選挙管理委員に、四月九日には職場体育部長に選出された。労働組合との縁はきれなかった。四月から六月にかけてのベースアップ闘争では、妥協的な東重労連を脱退して闘争を続ける「あすとりあ丸闘争」に、本部直属統制部員として参加し、ストライキを指導する。

＊

三菱重工横浜造船所の労働者、花村耕一の日記から確認される事柄をまとめると、つぎのようになる。まず、第一に、死ぬことを覚悟して召集に応じたこの軍国青年は、日本敗戦後も人格の完成をめざして修養に努めようとしていたが、生活難に直面する中で、戦後改革から生まれた全員加入型の労働組合運動に出会うと、とくに争議・ストライキの時には熱心な活動家に変身したということである。修養をめざす民衆道徳と戦後改革・労働運動は矛盾しなかった。それだけではなく、労働運動が工員の権利を確保するとともに、一定の公共性をもつことから、このような若者の爆発的なエネルギーを引き出す力となっていることが分かる。また、彼はほぼ一貫して共産党や産別会議とは一線を画そうとしているが、労働運動に熱心な共産党員には一時強く共感もしている。

第二に、しかし、激しい争議に直面した企業は、やがて、反抗する従業員はレッド・パージで解雇し、大規模なリストラを行い、会社第一と考える従業員を育てようとする。彼の軌跡は、当初はそれに対抗しながら、一九五〇年頃からはやむなく呼応・順応しようとした大企業に勤める若者の様相をよく示している。

第三に、企業が労働者を企業内に完全に取り込もうとしても、労働者に配当するパイはまだ少なかった。完全雇用・待遇改善による従業員の包摂という「社会民主主義」的な側面をもつ戦後の日本資本主義の姿は現れはじめていたが、一九五五年以降の造船ブームを迎えるまではその実現は困難だった。横船の労働運動も、産別とは一線を画しながらも、大きなエネルギーをもち続け、破壊活動防止法反対の総決起大会を横船体育館で行う(一九五二年四月一八日)ような力ももっていた。このような中で、一方で「会社有っての自分」と思いながらも、それに取り込まれれば身を滅ぼすという企業への距離感、企業からの自立感も彼の中で育っていた。金のために生きるのではなく、修養による人格の完成をめざすという意識は持続しており、スローダウンの生活をめざす姿勢が強くなっていった。

第四に、戦中とはうって変わり、カメラ・登山・ハイキング・映画・野球、そして恋愛といった生活を楽しむ日常と、麻雀・パチンコといった享楽に「おぼれる」日常が出現していた。「わが青春に悔なし」「羅生門」「麦秋」など日本映画黄金期の作品に対面することができたという幸運をはじめとして、占領期の都市の大企業労働者はこのような楽しみを十分に享受することができるようになった。これは、大きな、そして幸福な変化であった。

第五に、しかし、このような楽しみの享受も、修養という面からみると、利己的な自己愛・自己本位主義への転落とも思えたという点も注目すべきだろう。労働運動への献身もあったが、やがて、労働の目的は一にも金、二にも金になっていく。同期会でのつきあい、地域の若者たちとの親密な交際なども、公共性をもたないものと意識されるようになる。

第六に、平和意識の定着があげられる。悲惨な横浜大空襲や、死を覚悟せざるをえなかった苦しい軍隊生活を体験し、同僚が戦死したことなど、悲惨な敗戦の体験から、戦争を忌避する強い姿勢が生まれていた。それは、若者が警察予備隊に応募することに対する「道をまよふな」という叫び、レッド・パージで職場から追放された女性労働者が反戦に打ち込む姿勢をみた時の自省などからうかがうことができる。

3　町工場の旋盤工の体験

一　敗戦体験

敗戦体験

横浜市南区にある日邦工業という迫撃砲点火筒や薬莢《やっきょう》などを作る軍需会社に勤めていた平岡航三(一九二九年二月生まれ。敗戦時一六歳)も、日本の敗戦を無念の思いで迎えた。(3) 日本が負けたと聞いた時の正直な気持ちは「今迄何の為に生きてきたのか」というものだった。忍び難きを忍べという天皇の言葉に従い、復興に努めようと思ったが、食事がのどを通らなくなるほどくやしかった(八月一五日)。彼も典型的な皇国少年だったのだ。

平岡は蒲田工業学校(後に一橋工業学校→神田高校→一橋高校となる)を一九四五年三月に

卒業していた。在学中には、陸軍に四輪駆動車や除雪車などを納入していた日本内燃機会社に一九四四年七月から勤労動員に行っていた。その時、日邦工業にも手伝いに行っていたが、父母がこの会社の食堂で調理をしていたので、卒業後はここに勤めることとなった。

四月一五日夜からの横浜空襲で、日邦工業は第二工場・事務所・食堂・倉庫が全焼し、わずかに第一工場の一部のみが残った。一家はまるごと焼け出され、彼がこれまで書いてきた日記も焼失した。だが、幸いにも、父母や、近くに住んでいる長兄の妻と子どもは無事だった。二人の兄は一九四三年に召集され、長兄はフィリピンに、次兄は朝鮮にいた。

彼は絵を描くのが上手で、小学生の頃、毎日天文館の児童文化映画劇場主催の一九四〇年度水彩画展で一等に入選したというのが、全甲の通信簿とともにひそかな誇りだった。日記には、飛行機や映画ポスターなどの絵がきれいに描かれている。

また、軍用飛行機のソリッド・モデルを作るのが好きで、新司偵・呑龍・スピットファイア・メッサーシュミットMe・ダグラスA20Aなどを製作していた。『航空朝日』『飛行少年』『飛行日本』などの科学雑誌や製作途中の「流星」試作機が空襲で焼けたことも残念だった。

彼は、戦況が悪化しても戦う意思を崩さなかった。一九四五年五月二日に、ドイツの無条件降伏申し入れやムッソリーニの銃殺の報を聞いた時も「あゝ日本に生れた幸福、やるぞ〳〵」と記している。二五日には日邦工業でも、本土決戦のための動員組織、国民義勇隊が結成された。彼は第一中隊第二小隊第三班(一六名)の班長に任命され、感激している。

こうして、五月二九日の横浜大空襲を迎えるが、工場への延焼をなんとか防いで「本当によかった」とホッとしている。また、市内が一面焼け野原となった惨状を見ても、「こんなこともきっと勝ってからいゝ思ひ出とならう」と強気だった(三〇日。この部分には、戦後に読み返した時に、「何が勝つもんか、負けたのだ」と書き込みをしている)。

彼は、大本営発表の連日の「大戦果」を素直にそのまま信じており、日本の航空部隊は決勝の「神機」を狙っているのだ(七月一五日)、アメリカの飛行機はピカピカと光る不細工なもので入魂されていない(八月三日)などと、根拠のない説を信じて、強気だった。それでもソ連参戦の報を聞いた頃からは「こっちも宣戦布告しないのが変だ」(一三日)と、かすかな疑問が浮かび始めていた。

八月一五日の「玉音放送」は素直に受け入れた。「ここに和を講ずる事になったのは、ひとへに大御心の賜《たまもの》」であり、「彼の原子爆弾の為、我国民が次々と殪《たお》れてゆくのは」看過できない、と記している。しかし、その後に頭に浮かぶのは、北海や南島に散った幾百万の軍人、死んでいった特攻隊員、フィリピンや朝鮮で敢闘してきた兄たちの努力がみな水泡となってしまったが、「英霊」にどうこたえることができるだろうか、ということだった(一九日)。そのうちに、原爆被害の惨状が伝わってきて、「広島と長崎は、何と運が悪いのだらう」と茫然とした(二五日)。彼がひとえに願うのは、二人の兄の一日も早い帰国だった。

会社では、敗戦の残念会を開くことになり、九月二六日に江の島に行った。漁師に頼んで地引網を引いてもらい、イワシ・カレイ・サバ・アジなどを刺身やテンプラにし、酒盛りをしてうっぷんを晴らした。

しかし、こんなご馳走は例外で、配給はとどこおっていた。一〇月五日には日記にローマ字で「毎日オジヤでお腹がすいてたまりません!」と書いている。

日本の敗戦という事実がストンと胸に落ちるような思いがしたのは、陸海軍の発表を九月六日の新聞で読んだ時だった。ミッドウェー海戦・マリアナ沖海戦・フィリピン沖海戦までに新鋭空母が消失したこと、中でも「戦闘可能の戦艦無し」には驚いた。しかし、同時に、こんな状態でも自分たちが頑張れたのは「皇室があってこそ」と思った。天皇を敬愛する気持ちはゆるがなかったのだ。

アメリカ体験と生活難

平岡は、アメリカ人を「鬼畜」だと信じていたが、現実的な裏づけはなかった。戦後の最初の身近な反応は、女性たちの疎開さわぎだった。アメリカ兵によるレイプを恐れて、横浜市の指導で「婦女子は万一に備へて是非疎開すること」という回覧板が町内会にまわされてきた。疎開、疎開で横浜市民は浮き足だち、平岡家も最悪の場合、荷物を取りまとめて親戚のいる新潟県寺泊町に移動することにした。「炎暑・疎開・異動《ママ》・デマ・汽車、頭がボーッとしてしまふ」(八月一九日)状態になった。

しかし、この騒ぎは間もなくおさまった。二五日からは上空を飛ぶ米軍機を見上げることになった。彼は、グラマンTBFアヴェンジャー・コルセア・カーティスSB2Cなどを見て、「畜生」と叫び、日記にその絵を書き込んでいる。

最初の直接的なアメリカ体験は九月四日で、この日、アメリカ兵をはじめて見た。ジープのタイヤに空気を入れていたので、近寄って見たのだ。大きな身体、赤い顔と赤い頭髪、チュウインガムを口に入れてモグモグしているのが印象的だった。

一二日には、日邦工業にも来た。ベラベラと英語で話しながら、キャメルのタバコを一本くれた。マッチで火まで点けてくれたので、「サンキュー、サー」といおうとしたが、緊張のため声がでなかった。一三日には、トラクターが大きな穴をあっというまに埋めるのをみて、感嘆した。対米感情は一気に好転していった。まもなく、彼はアメリカの音楽に心を奪われていく。

ラヂオは、アメリカの音楽で、にぎやかだ。いゝリズムだ。美くしき旋律、おどり

だしたくなるやうな、何故か、じっとしてゐられぬメロディ。(一〇月一七日)

つぎのアメリカ体験は、横浜の波止場での米軍の荷役のアルバイトだった。彼は、日邦工業の給料では苦しいので、二八日から父といっしょにアルバイトを始めたのだった。大沢組などの組が仕切り、日給一三円で、米の券もくれた。

二三日には、突然、次兄が朝鮮から二年一〇カ月ぶりに帰ってきた。疲れているが、兵長になっていた。米・薬品・乾パン・砂糖・タバコなど多くの軍物資を持って帰ってくれたので、会社の人たちに少しずつ分けてあげた。コーヒーをザラメの砂糖入りで飲むことができ、うれしかった。

しかし、日邦工業では彼の一家の居場所がなくなっていった。一二月六日には、重役からなるべく早く出てもらいたいという話があった。そうすると住む家がなくなる。しかし、父はすでに六〇歳の高齢になっており、荷役仕事はきつかった(やがてできなくなる)。次兄は、荷役にでても、日給を母にわたさず、勝手につかうため、彼が一家を支えねばならなくなった。

それでも、一九四六年三月三日には、バラック建の自宅がなんとかでき、一家で井土ヶ谷に引っ越した。この日から新円生活である。彼は「さあ、新らしき家で新しき出発だ。せいぜい金を貯めよう」と張り切った。

ところが、四月になって、会社を辞めてくれといわれ、気持ちが切れてしまう。そこで、二三日に日邦工業を退社し、米軍の荷役アルバイトだけで暮らすことにした。これは日給二〇円程度になっていたが、はじめてみると、八日間で、日邦の一カ月分に相当する一五八円になった。仕事は、木材運搬や砂利運び、清掃作業、食料の積込みなどで、肉体労働のきつい仕事だが、これで何とかなるように思えた。このため、英語の勉強も始めた。

しかし、荷役仕事は、雨がふればなくなるし、遅れていけばあぶれる不安定な仕事だった。「子供は駄目だよ」といわれ、仕事につけない時もあった。きつい荷役が多かったため、急激にやせていき、体重が四一キログラムになってしまった。主食の米は欠配がつづき、朝食と弁当しかつくれなくなり、家族は米のご飯は食べられなくなった。父も母も「生れてから、こんなに苦しむのは始めてだよ」といっていた（五月二三日）。六月一二日には、米も小麦粉もなくなり、朝食はカボチャの塩煮だけ、昼食はなく、米兵がビスケットやジャムパンを分けてくれたので、助かるという経験もしていた（一一月二四日の回想）。戦争中よりも敗戦直後の方がはるかに苦しかったのだ。

使役する米兵は、いつもチュウインガムをかみながら、陽気に、建設的に、機敏に動いていた。これに対し、使役される日本人は、何とかしてサボって、金だけは貰おうとしていた。食料の積み下ろしのときには、ＭＰの目を盗んで、積荷の缶詰を開けて食べ、砂糖はなめ、ビールは飲み、タオルは腹に巻きつけて持って帰るようになった。

兄と共に船舶会社に行き、新興港湾の十一号の船内に行く。十一時迄で五十一円五十銭也。午前中、ゼリーの箱をこぢあけて食ふ。甘い、甘い、コッテリアマイ。赤、黄、青、黒、各種十四の色とりどりのゼリーだ。これを二箱平げた。口の中が、アマッたるくて気持ぢ《ママ》悪くなる程。お昼、支給されたのは何ヶ月振りで見る米の飯、ウマイ〳〵、午後からは、要領宜しく、兄貴がゴソ〳〵ッと、チョコレートを四本もってきた。二本貰った。中にクリームと南京豆がはいってゐて、ネットリとして甘くて、てんでお話しにならない程ウマイ。（八月三日）

あゝ、かくも世の中は変りたるか？　落ちついて仕事も出来ぬ辛さ。だから、進駐軍の盗みをする奴が出るのも、無理はない。（八月五日）

　このように、彼は、盗みをするのは「無理はない」と思いながらも、「日本人の道義低下は全く問題にならぬ程に、今はなりさがった」と嘆くようになる。それとの対比で、アメリカの評価は上がっていった。

正社員と労働運動への道

　みじめな状況から抜け出そうとして、平岡は就職活動をはじめた。旋盤が何とか使えるので、日飛産業岡村製作所・共同電気無線・レアルト劇場（映写技師）などを見に行ったり、受けたりしたが、気に入らない会社もあり、落とされる会社もあり、うまくいかなかった。彼の夢は大会社の技師になることだった。

自分も人夫といふ不可解な商売を始めてから早くも三ヶ月半になる。……同期生が、学校や大会社に勤めてゐるのをみると、自分はちょっとはずかしい。然し、この時代には、取るべき金は働らいて取り、やがてこのマネーで大会社に入り、それこそ学校卒業の学歴と持ち前の工作技術？を生かす覚悟である。（八月二日）

このような自負心を抱いて、就職活動にはげみ、九月になって、ようやくヂーゼル自動車工業（いすゞ自動車）川崎工場の試験に合格し、一二三日から通勤をはじめた。一一月には二カ月分の月給を手取りで五二八円もらった。しかし、戦争でのトラウマのためか、兄はまじめに働かず、稼いだお金を母に渡さないので、生活は苦しかった。

このような中で、近所の知り合いが水道器具を製作する町工場、水道工機で働いており、ここは請負制で実入りがいいという話を母が聞いてきた。歩いて行けるところで、旋盤が五台あり、鋳物場もあって、職工は十数名、民家を少し大きくしたような町工場だった。戦災からの復興工事で水道器具の需要は多かったのだ。最低五〇〇円保証であとは働き次第というのが気に入った。湘南電車は「遭難電車」といわれるほど混み合っていたが、これに乗らないで済むのも魅力だった。

折から、ヂーゼル自動車では越年資金をめぐって、労働組合がサボタージュを始めていた。彼は、「吾々の血の叫びである越年資金は、ストを断行してもとらねばならない。

労働者の偉力《ママ》を資本家共にたゝきつけてやるのだ」(一二月一二日)といって、団体交渉に熱心に参加した。もし彼がこのままヂーゼル自動車にいれば、組合運動のサブ・リーダーになったかもしれない。

しかし、一九四七年一月からはこの町工場で働くことにした。ここは出来高払いなので、電力不足で配電制限されると、収入が減る。電産ストとなると、無収入となる。二・一ゼネストについても「ストが実施されゝば、郵便は勿論、電報、汽車、通信、医者などが揃って使用不能となり、国民の迷惑はなはだしきものがある」(二七日)と、反対するようになった。一月二七日がヂーゼル自動車勤務の最終日となった。給料を貰い、作業服を風呂敷に包んでコソコソと帰宅した。彼は日記に「グッドバイである」と記しているが、それはこの会社だけでなく、労働運動へのグッドバイでもあった。

二　水道器具製作会社と民主主義

請負労働の魅力——自由で民主主義的な職場

水道器具製作会社、水道工機には一九四七年一月六日から勤め始めた。一時、ヂーゼル自動車との二重勤務だ。八日から旋盤を使い、二九日に最初の給料が出た。一六日間分で三九七円三〇銭(常用三六八円・公休日二日四六円・請負五〇円・税控除五二円八〇銭・共済組織水工舎会費控除一三円九〇銭)だったから、ヂーゼルや日邦工業より余程いいと思った。工場長から「一生懸命やれば、叱言は言ふが、見てやるからナ」といわれたのもうれしかった。労働時間が午前九時から午後四時までなのもよかった。

先輩も「平岡君、判んないところは、どん〳〵滝田さんや俺に聞けよ、そんだけ利口になるんだからナ」と注意してくれた(二月二〇日)。敗戦で、身分制的な徒弟制度が崩れ、職工は対等となり、先輩より先に帰っても、何も文句をいわれないのもよかった。

仕事は請負労働が主で、たとえば、三月三日には単価五〇銭のパイプの製作を請け負い、一日に一七五個も仕上げている。こうして、二月の給料は、これまでで最高の八一三円になった。ゆとりがでたのか、体重も増加して、四八キロになっていた。三月には、一〇五五円(手取り九〇〇円)になったので、お金を受け取った母はとても喜んでくれた。その後も、四月は一七〇〇円、五月は二四〇〇円、六月は二六八九円八〇銭と増加していった。

彼は、自分は単なる職工とは違って工業学校卒だというひそかな自負心をもっていたが、町工場であっても、技術を習得でき、腕次第で稼げるということがうれしかった。中でも、戦後改革の雰囲気の中で、工場内で親方や先輩の権威が崩壊していたことが、彼になんともいえぬ解放感をもたらしていた。

四時半に、正義さんと相談して仕事を止める。滝田古老はまだ、やってゐる。昔ならば親方は、早くしまって、小僧が掃除をして、真黒になって、こき使はれるのだらうが、どうして今の若い者は、早くしまって、ポマードをつけて、ポイと映画でも見にゆくといった連中だから、僕なんかは真面目の方であるから？　いや、今は自由で民主主義ですからな、吾々は自由に働らき自由に遊べるのである。（七月二九日）

このような、かつてない自由な環境の下で、やがて職場と居住地域をまじえた濃密な人間関係ができていく。そして、民主主義は彼にとってとても大切な規範となった。少し後のことだが、彼は、ＮＨＫのラジオ・ドラマ「新しい道」を「デモクラシーの精神」を生かしていると思って熱心に聴いていた。そのテーマを示す「私は奴隷にはなりたくない。又、奴隷を使う身にもなりたくない。私の云うデモクラシーとは、こうゆうものだ」というリンカーンの言葉にも深く共感していた（一九五〇年四月二九日）。

ラジオを聴く楽しみと映画への入れ込み

平岡にとって、仕事以外の楽しみの一つはラジオ放送を聴くことだった。一九四七年一月三日に東京麻布の叔父の家のラジオから快いジャズのメロディが流れているのを聴き、無性にラジオが欲しくなった。七月一九日にも「（朝に）聞へくるジャズ音楽のリズム！　オ、、ラヂオ、横田さんの家から流れくる電波、音波、早くラヂオが欲しい」と記している。

水道工機に移ってからは、生活は苦しいとはいえ、少し余裕がでるようになった。彼は、「家族にたゞひとつの慰安さへない最近の吾が家」を変えるために、何とかがんばって自分もラジオを買いたいと思った(一月三日)。真空管四球で一八〇〇円もするのであきらめていたが、工場の先輩のSさんにいうと、会社から借りて買えばいいじゃないかといって、口添えをしてくれた。会計掛の好意で一三〇〇円を借り、七月二五日に、一五〇〇円で新品の「テレビアンラヂオ」(四球)を買うことができた。こうして、朝からラジオを聴きながら、一家そろっての楽しい会食がはじまることになった。また、夜にはアメリカ軍の音楽放送や、野球や座談会などの番組、そしてドラマ「鐘の鳴る丘」(菊田一夫作)を楽しむようになる。

趣味の模型製作も復活した。まず、ジープ製作からはじめ、一九四七年型タクシー・貨物船グリーンスターと作っていった。

もう一つは映画で、続々輸入される洋画を見るのが最大の娯楽になった。一九四六年一〇月一二日に、横浜日活劇場でタイロン・パワー主演の「雨ぞ降る」と、ビキニでの原爆実験のニュースを見て、洋画の映写技術と迫力に感嘆していたが、水道工機に就職してから、これにはまっていく。一九四七年三月から八月までに「エイブ・リンカーン」「空の要塞」「大平原」「目撃者」「クリスマスの休暇」「肉体と幻想」「シーホーク」

「スイング・ホテル」「ガス灯」「ベニーの勲章」「百万人の音楽」「四人の息子」「いちごブロンド」「モンテカルロの銀行破り」「ワイキキの結婚」「ブルックリン横丁」「巴里で会った彼」「美人劇場」「心の旅路」などを次々に見に行った。

なぜこんなに映画が好きになったのかと自問して、それは、アメリカ映画からヒューマニズム・音楽・スポーツ・科学・文化・地理・歴史・哲学を、そして「あらゆる文化智識を得るため」だと記している(六月八日)。アメリカ映画の魅力に圧倒された彼は、『映画の友』という個人誌をつくって、映画批評を書き残すことにした。

彼がとくに感激した映画は、洋画では「子鹿物語」「打撃王」「戦火のかなた」「ヨーク軍曹」「イヤリング」などで、邦画は概して下らないと思ったが、「酔いどれ天使」(黒沢明監督)は素晴らしいと感じた。「きけ、わだつみの声」は「戦争への憎悪」の描き方が不十分だが、一見の必要があるものだと感じ、二度見ている。また、一九五〇年三月五日に見て感激した「イースターパレード」で、戦後見た洋画は一〇〇本目に達したので、自作の『映画の友』の総集編を作り、四月一六日に製本している。

社会党への期待と不満

平岡が満二〇歳になるのは一九四九年二月だから、それまでは選挙権はなかったが、日本社会党に期待していた。一九四七年四月の総選挙では「社会党が断然第一党で、松岡駒吉氏、原寅〔彪〕一氏等当選してゐる。片山哲氏は勿論。共産党はわずかに一割《ママ》程度（ざまあみろ）」（四月二九日）と記しているように、共産党はきらいだった。しかし、片山内閣が成立し、国鉄の運賃が三倍半に値上げされると、「片山内閣はどうして吾々勤労者を苦しめるのか、馬鹿にしてゐる」（七月七日）と憤慨する。

とくに困るのは配給の遅れだった。政府は計画遅配するというが、食料を供給することでうるおっている農村や漁村の新円階級やヤミ屋と自分たち都会の純消費者を同等に扱うのは迷惑千万だ、社会党は勤労者の味方といっておきながら、我々勤労者を苦しめている、と思った（七月二一日）。官公庁労働組合（官公労）に対しても、つぎのように批判している。

昨日から官庁は、毎日夏中、半どん〔午前中だけの勤務〕と決まり、早速実施してゐる。（こうゆうことは早いこと〳〵）。官公吏なんか、吾々が税金を払って喰はしてやってゐるやうなものだ。それなのに大きなツラをしやがって、賃金値上とか、食糧メーデーの時なんかは一人前に大騒ぎをして、果してそれだけ、いろ〳〵の要求を出すだけの事をやってのけてゐるのか……。（七月二三日）

公務員は、何やかやといって仕事をさぼっていながら、賃上げとか食糧メーデーの時には大騒ぎをしている、というのが彼の不満の理由だった。

不況下の苦しい生活

一九四八年になると、物価高で再び生活が苦しくなった。二月七日に配給された炊事・暖房用の木炭も四貫俵一つで一〇二円四〇銭にもなった。配給は滞らなくなったが、物価高で、一〇〇円札がすぐになくなった。日邦工業の時代は、父母が食堂をやっていたので、食料がたくさんあったが、今は配給があっても、高くて十分には買えず、「夢の様な貧乏暮し」となってしまった。彼は、「何時か幸福になるときを胸に秘めて働らくつもりだ」と記しているが(二月四日)、その思いは、なんともいじらしい。

二月の給料は、三四〇〇円(手取り二九〇〇円)だった。これでは欲しいものはなかなか買えなかった。洋服・Yシャツ・ネクタイ・靴・カメラ・野球グラブなど、欲しいものは山ほどあったが、たとえば、Yシャツは安くても六〇〇円から七〇〇円、いいのは一九〇〇円もしたので、望みがかなうのは「何時の時なりしか」と思うほかなかったのだ(四月九日)。生活苦の中で、兄は事件を起こし、一五日に警察に検挙された。このため、家計を支える者は彼しかいなくなり、この日から文字通り「辛苦の生活」が始まった(一九日)。父は屑ひろいを、母は袋はりの内職をはじめ、彼も見たい映画を我慢し、再び米軍の使役にでたり、袋はりを手伝ったりした。

一九四九年になってもあまり事態は好転しなかった。四月の給料は九七〇〇円になり、機械場でトップの収入となったが、生活は苦しく、節約のために禁煙をはじめた。袋はりの内職や屑ひろいは、たいして家計の足しにならないので、六月には会社からお金を借りてポン煎餅をつくる機械を買い、父がその商売をはじめた。このような中で、つつましいけれども、心あたたまる、幸福な時もあった。

夕食後、久方振りで銭湯にゆき、あたゝまる。帰宅後ポマードをつけたらサッパリして〝何時もこの位きれいだったらいゝんだが〟と思ふ。お砂糖の配給が一人半斤づゝあったので、コーヒーを飲み、興奮す。紫煙懐しさに、憩〔タバコの銘柄〕を求め来り、大いに興奮し奉る。母、大いに驚きて曰く、〝まあ、高い煙草を。大事に吸ひなよ〟と、金言也。されど、本日就寝までに、すでに父と共に四本灰となりぬ。

（三月七日）

平和意識と戦争責任観

彼は、一九四八年に、叔父の家から借りてきた石川達三の実録小説『生きてゐる兵隊』（海口書店、一九四六年）を熱心に読んでいる。一九三七年の南京攻略戦を描いたものだ。

支那へ行った兵隊たちが、吾より偉いものはゐないゾとばかり、強盗、徴発、掠奪、強姦を欲しいままにふるまった有様が、くわしく書かれて、人間もこうなると何をするか判らぬものだとつくづく思った。オ、、Kサンもこの口ではないか。（三月

二八日）

何か心当たりがあるような書きぶりだが、戦場の実態を心に留めようとしていることが注目される。また、横浜空襲で被害を受けた体験からも、戦争を憎むようになっていた。

焼けぬ前の吾が家の事なんかを考へてゐると実に世の中が恨めしくなる。戦災を蒙った人の誰もが考へるに違ひないあの言葉、『あの洋服があったら』とか、『あの箪笥が焼けなかったら……《ママ》』と。然し考へれば考へる程現在の世の中がのろはしくなり、馬鹿くさくなってくる。……だから、一切合切生れ変ったと思って覚悟をきめぬ事には、心が落着かぬ。（四月二四日）

空襲ですべてを失った無念さ、恨めしさは、心を揺さぶるほど深く、何もかも生まれ変わったのだと自分に言い聞かせなければ、精神の安定は得られない程だったのだ。また、「端午の節句、男の子を持つ世の親たち、こぞってかしは餅を作り、人形の前にかざる。鯉のぼり青空にゆれて、平和の日本うらゝかなり。甘きお砂糖配給なれど吾が子、これなアに？と親に問ふ。おゝ、現在の子供のいじらしさよ。世の親こぞりて戦争をうらむ」とも記している（五月五日）。彼は、戦争を憎みながら、平凡な日常生活での何気ない平和の価値をかみしめていたのだ。

しかし、戦争が恨めしいのはそれだけではなかった。父が長い間かけて貯めた一万円弱の預金は、インフレの中ですっかり使いはたしてしまった。一九四七年一二月には、長兄が敗戦直前の一九四五年四月にルソン島クラーク地区で戦死したという公報(死亡告知書)が届く。次兄は、すでにのべたように、ぐれて事件を起こし、警察に逮捕されてしまった。こうして、彼は、一九四八年にはつぎのような結論に達する。

〔真珠湾奇襲から〕七年立《ママ》った現在は、国敗れ、国民は敗戦のドン底に落され、国土はアメリカの軍隊に占領されてゐるのだ。変りも変ったり、七年前の吾々は夢にも現在の日本の境様《ママ》を思ったであらうか。戦争こそ罪悪の最大のものであり、惨禍である。……日本は、米国を始め、世界列強の各国の鎖でしばられて、最早や十年前の様な軍隊的国家は出来まい。憲法にも云ってある如く、平和国家として立ち上って行くより手はあるまい。国民を貧苦のどん底に突落す戦争こそ、最も憎むべき罪である。(一二月八日)

このように、彼は、自分たち民衆を貧苦のどん底に突き落とした今次の戦争の体験から、戦争を憎み、平和国家として生きていく日本を肯定するようになった。

東京裁判の判決については、有罪とされた戦争犯罪人の家族には同情すべきだが、「これら無謀な侵略リーダーたちのために、日本国民の誰彼が大なり小なりの戦争の被害を蒙ってゐる」のだから、刑罰は当り前だ、と冷静に、肯定的に受け止めている(一一月一二日)。また、天皇については、「天皇は、このニュースを如何に聞いた事か」と、敬語なしに記していることも注目される。

社縁の濃密な人間関係と脱出願望

一九四八年から一九四九年にかけても、水道工機の職場環境は良好だった。

曲りソケットをチャックでくはへると、あとがついてエビツになってまずいといふので、困ってしまったが、幸ひにもSさんに助太刀してもらって助かった。……終業後、滝田さんの仕事の苦労談を聞く。大いに参考となる。(一九四八年五月二五日)

このように、先輩職工の援助や助言を受けて、平岡は技能を磨いていった。一九四九年一月二四日には、むずかしい分水栓の加工をはじめて担当したが、滝田は親切に助言してくれた。また、職場と住居が近いので、職場での付合いが居住地域でも連続した(社縁)。

しかし、職場の人間関係は好ましいものばかりではなかった。職場内でも、終業後の外での会合でも、仕事の話もするが、最後はいつも「女郎買の下卑た話」になった(一九四八年一一月二四日)。信頼できる先輩はいるが、多くは他人の人格を無視し、教養のかけらもないと思われる人が多いのが不満だった。

平岡は職工の道を選んだのだが、実際には中流の生活にあこがれていた。普段は職工の菜っ葉服を着ていても、会社の先輩と映画を見に行くときのスタイルは、背広にネクタイだった。「ばりッとして、職工に見へないぜ」というのがほめ言葉だったのだ(一九四八年五月二三日)。

彼にとって、昔お世話になったサラリーマン、Wの家は、中流家庭としてあこがれの存在だった。六月に東京中野の家を訪ねてみて、改めてこんな暮らしをしてみたいと強く思った。「吾輩も現在の苦境をのりこへて、中流家庭の生活をしてみたいものだ……(中流とは、ちょっと乙だネ)」(九月二六日)といった思いはしばしば日記に書き留められている。また、現在の境遇から抜け出すためには、修養が必要だった。

夕食後、これからの毎日を無駄なく、機械技術者たらんの目標に向って刻苦勉励せんと、製図の練習及び新設計、そして今の時代の勉強として相応してゐる英語、その他簡単なる物理化学の常識項目を勉強する事に決心した。主眼目は、エンヂニヤーたらん勉学だ。……も早や理想や空想にばかり耽ってゐるときではない。……もっと手近かな、自分の職業の身につく修養勉学も怠ってはならないのである。(一〇月二四日)

エンジニアを目指して修養しようというのである。これが一つの目標となった。

修養と朝鮮戦争観――一九五〇年

一九五〇年は、「世間のどこかしこも本当に金詰りで、にッちもさっちもいかないらしい、しけた正月」からはじまった(一月一日)。給料の支払いも遅れ、分割払いになった。四月一一日にはお金がなくなり、母は質屋に通うようになった。

一月七日、職場の同僚のIから、四月から関東学院の英語専門部(三年制)へ通うことになったと聞いた。「何時迄も職工ぢや、やんなっちゃうからよ」というのだ。同僚のSはここを辞めて横浜ドックに勤めることになった。自分もうっかりしておれぬと感じ、同僚のTが教員になりたいというので、一緒に英語の勉強をすることにした(四月一四日)。

「無教養はだめだ」、「自己を高めよ」、「物質的虚栄心より深い精神的修養を」といった声は、いつも心の中で響いていた。また、「何時迄も職工ぢや、やんなっちゃうからよ」という同僚の声は、彼の声でもあった。彼は、希望のない職工の生活から脱出したいと願った。

そこで、五月にはある英文ポスター募集の企画に応募した。また、九月三〇日にはラジオ・ドラマの低劣さを克服しようとNHKの脚本募集に応募し、「真人間」という作品を送った。これは、次兄をモデルにしたもので、脚本を書くことによっていくらかでも「人間的教養というか生きる喜びというか」何かをつかみとりたいとも思ったからだ(八月二四日)。つぎは長兄の戦死を題材に「将来、文化国家として立ってゆく」日本のモラルを支えるシナリオを書こうと思った(一〇月二日)。

平岡は中国の内戦に注目していたが、六月二五日に勃発した朝鮮戦争にも敏感に反応した。二六日には、九州に戒厳令が敷かれたことに注目し、アメリカとソ連の出方次第で、平和への復帰となるか第三次世界大戦の口火となるか、分からないので、日本もうかうかしておれない、と記している。彼の見通しはつぎの様だった。

> 終戦後、五年にならずして再び戦火、亜細亜に拡がる。噫《ああ》、どうして、馬鹿者の多きことよ。……もう戦争には、世界国民がこり〳〵してゐるわけだ。ソ連と米国、民主々義と共産主義との果てなき斗い。けれども、この問題もあと数年後には解決出来るだらう。その前提として、只、第三次世界大戦があるのみである。昼休み、この話題でにぎわふ。（六月二七日）

世界中が戦争にこりごりしているのに、戦争を始める馬鹿がいるが、これは第三次世界大戦となって決着がつけられるだろう、というのである。その後も、戦争の行方を気にしていたが、九月の米軍仁川逆上陸、一〇月の中国参戦、一二月のウォーカー中将の戦死などの簡単な記述があるのみで、朝鮮戦争への関心は薄れていく。ただし、前年にノーベル賞を受賞した湯川秀樹博士が八月に帰国した時にのべた「これからの日本から、若い科学者がどん〳〵出てもらひたい。そうして世界の平和に尽していたゞきたい」という言葉は、これから伸びゆく自分たち若者への呼びかけだと感じ、深い感銘をもって書き留めている（八月一〇日）。

町工場、水道工機で請負労働をしていた平岡航三の日記から確認されることは何だろうか。まず、第一に、横浜空襲の被害にあっても挫けなかったこの皇国少年は、敗戦の現実に直面すると、自らの不明を自覚し、軍部や東条英機元首相などを憎み、反対にアメリカの文化を受け入れていくことになった。その際のきっかけは、軽快なジャズやアメリカ映画だった。それでも、天皇に対する崇敬の念は、薄れはするが、継続していく。

第二に、戦争のために、自宅を焼かれ、父が貯金を使いつくし、長兄は戦死し、次兄は戦争でのトラウマからか、犯罪に走るなど、多くのものを一家は失うこととなった。こうして、彼は戦争そのものを深く憎み、「戦争こそ罪悪の最大のものであり、惨禍である」と考えるようになった。他方、戦争が終わって、ようやく貧しくても家族のだんらんを楽しむ幸福も感じることができるようになった。我々は、ここにも、平和意識の定着を確認することができる。

第三に、彼は、戦後改革の中で広がる自由と民主主義を職場と地域で十分に享受していった。職場では、先輩の熟練旋盤工と対等の立場で行動でき、地域では社縁を中心に交際し、また、映画を存分に楽しむことができるようになった。「デモクラシーの精神」は彼にとって、守るべき大事な規範となった。

第四に、彼の意識と行動を統御・規制していたのは修養を旨とする民衆道徳であったが、占領期にはそれは文化国家の基礎となる道徳と考えられていた。それは、アメリカ軍の使役に出て、食料を盗み食いした時に感じた「道義の低下」や、ラジオ・ドラマの質の低さを嘆く感情として表れていた。また、社会的に評価が低いと自ら感じていた「職工」から「中流」階層へ脱出するための行動規範としても修養は重要な位置を占めていた。彼の人生の目標は、エンジニアになるか、シナリオ・ライターになることで、そのために修養を積むことが求められていた。

4　辺土名市役所・国頭村役所職員の体験

一　沖縄復興への尽力

市役所に就職

沖縄製糖の社員だった宮城親義は、沖縄戦の中で会社が壊滅したため、故郷の国頭村で再起を期し、復興に尽力しようと張り切っていた。しかし、まず自宅の再建が必要だった。自分や母・妻・妹・子ども(四人)がマラリアにかかっており、それが不意に再発するので困っていた。[4] また、極端な食料不足で、配給はしばしば滞った。このため、一九四五年一〇月一八日には家族総出で蘇鉄採りに出かけねばならなかった。

一〇月二四日に辺士名市の職員に採用され、のち産業部に配属された。辺士名市は、一日に発足したばかりで、市役所は掘立小屋であり、本格的な仕事はなかった。時に出張したが、持っていく弁当用の米がなかった。

> 心配なのは弁当に持つお米がないで困ったものだ。我が弁当持参で出張すれば、子供等の米食が心配になり実に淋しい世の中、生活になったものだ。涙がでる。(一一月七日)

このように、家庭も職場も戦争による被害で、窮乏の中にあった。食料難の中で畑に急いで植えた主要作物の稲やサツマイモが育つことが切実な希望だった。時々米軍から缶詰などの配給があったが、一二月には、どこも米もイモもなくなり、四日には夕食が蘇鉄食になった。

一九四六年の元旦は、新しい気持ちで新しい生活、新しい歴史を開始するのだと誓ったが、他方で「米の支配下になるとは断腸の思ひ」だった。一五日には、戦中にジープで偵察中に日本兵に斬り付けられて死亡した米軍のチャン少尉を記念する公園が小学校の隣に造られたが、彼は「実に日本人のしのびえぬ事だ」と記している(一四日)。

国頭村産業課長と農業との二つの仕事

一九四六年一月五日には市制が廃止され、国頭村が復活した。一二日には国頭村役所が開庁したが、役所に行っても大した仕事はなかった。村では二期作の稲が実ったので、七日には動員をかけ、奥間に稲刈りに行った。九日には稲モミの収量調査を開始した。彼は、仕事がなければ、家に帰って稲やサツマイモやその他の野菜の栽培に努めた。三月一一日には、ようやく新築の自宅の屋根の萱《かや》ふきが親戚や近隣の人びとの協力で行われた。「ほんとに愉快でたまら」なかった(一二日)。しかし、壁や床は未完成のままだった。五月四日には次女が生まれ、喜びで胸いっぱいになった。

六月から村の産業課長として、産業調査(農業・畜産)を開始した。また、稲の坪刈審査や堆肥審査も仕事のうちだった。一〇月からは農村復興事業の調査や辺戸《へど》上原《うえはら》の開拓計画に取り組んだ。

辺戸上原、広々とした平原は其の開拓によって国頭は発展するとせぬとの事が左右せらるのである。此の開拓が今国頭村の重大なる使命なのだ。第一、水を導いて来る事が第一の大事業なのである。これさえ出来たら産業課として、国頭村としての誇りなのだ。其処に水田が開拓されて青い稲が一面に小波を立て黄金の波が立った時はなんと国頭のほんとの生甲斐ある生活であらう！(一一月一八日)

この開拓計画の成否は国頭村が発展するかしないかを左右するというのである。このようなやりがいのある仕事のかたわら、出勤前の早朝には農作業をしていた。

朝未明起床と共に田圃に水肥運びをなし、苗代跡に施用する。家内は除草をなす事にしたものである。努力の結晶は青田に化し、茫々と繁茂した田が青い小波を立て、見てさえ愉快に感ぜられる……(九月一三日)

彼は苦しい農作業に楽しみと生きがいを感じていたのである。いうまでもなく妻の手伝いは不可欠だった。

一九四七年からはさらに力を入れていった。二月一〇日に苗代づくりを始め、四月に親族や近隣の人たちに加勢してもらって田植えをすませた。その後、施肥や除草を繰返した。七月には稲刈りをしたが、豊作だった。八月には二期作の苗代づくりを始めた。彼は、稲が日ごとに伸び、株張りしていく様子は「実に見事なもの」だと感じている(五月一八日)。ここでも、腰は痛むが「なんと言っても農業は楽しみ」だと記している(八月四日)。

稲作以外では、二月二六日に西平垣内上という所の畑に杉の苗木を植えた。五月にはヂーワキ原という所にある畑にサツマイモの苗を植え、後田原という所の畑にヤマイモを植え付けた。六月には海を渡って伊是名《いぜな》村まで行き、雌ブタ一頭を買い入れた。また、雄雌各一羽の鶏の配給を受けた。九月にはイモ掘りをし、一二月にはウサギを買って育てることにした。

アメリカ軍政府は一九四六年四月に下部機関として沖縄民政府を発足させていたが、村役所では、二月から民政府開拓庁と相談して辺戸上原の開拓計画を進めた。その指示を受けた時には「天にも上るうれしさ」だった(二二日)。サツマイモ二万斤供出の要請には一万二〇〇〇斤で応ずることにした(三月五日)。民政府から農村復興助成金を獲得することも大事な仕事で、二月四日に六万八八〇〇余円を受領した時は気持ちがよかった。

しかし、稲モミの供出問題は苦しい課題であった。彼は「我々の一番いやな問題は供出である。指導をなし、生産をさせて供出させるといふ事は我々に苦しいものである」と記している(九月二〇日)。九月には配給で脱穀機一〇〇台が、一〇月には除草機一〇五〇個が届き、これを各農家に配った。一〇月には精米所設置に取り組んだ。一九四八年一月からルルミヂの開墾に取り組んだ。

沖縄戦の再認識

宮城は職務として名護や那覇に出張することが少なくなかった。その中で、国頭とは異なる戦禍を見て、しばしば絶句し、沖縄戦がいかに激しかったかを再認識することとなった。

一九四六年五月二〇日には那覇方面に行った。途中で自動車から見た名護は「全くの焼野ヶ原」と化し、淋しい町になっていた。読谷は米軍の軍事施設や機械類が集積していた。嘉手納の町は道路ばかりで家が一戸もなかった。旧沖縄製糖の嘉手納工場大山出張所の社宅はペチャンコになっており、見る影もなかった。宇地泊《うちどまり》・大謝名《おおじゃな》方面の山は青葉がなく焼野ガ原と化し、砲弾の跡か岩しかなかった。繁華だった那覇市も家らしい家がなくて淋しい町になっていた。このような戦跡を見て、彼は「友軍の奮戦力闘」をしのんで涙し、耕作する土地のない島尻の人びとを気の毒に思い、「なぜ戦争があったか」と嘆じた。

一九四七年二月四日、農村復興助成金を受け取るため那覇市に赴いた時には、かつて自分が住んでいた地域、仕事で動き回っていた地域を視察した。

> 住馴《すみな》れの中城《なかぐすく》に入る時は実に涙が出て来たものだ。渡口《とうぐち》、熱田《あつた》、久場《くば》、泊《とまり》、伊舎堂《いしゃどう》、添石《そえいし》、屋宜《やぎ》、当間《とうま》、安里《あさと》、奥間《おくま》、津覇《つは》、和宇ケ《わうけ》（慶）、伊集《いじゅ》と見た時、かくも変り果てた部落の情勢、実に涙が出、びっくりするものだ。自分はこんなにまでも変った事と思はれなかった。想像もつかなかったのである。西原《にしはら》は彼処此処《かしここ》水溜で、溜池のようである。

戦争による地域の変貌、荒廃は想像を絶するものだったのだ。

他方で、アメリカ軍の支配に対する怒りは深まっていった。六月には、辺土名高校の独立祝賀会が予定されていたが、米軍の奥間ビーチ保養所を造るための出夫関係で二八日に中止の指令が来た。これを聞いて彼は、敗戦の惨めさが益々深くなっていくとし、アメリカ軍に対する「悶々たる憎〔し〕みが胸の奥より湧出して来る」と記している。

二　一人前の農民に

村役所辞任と農業専念の喜び

一九四八年二月には村長選挙（有権者六四四八名）があり、宮城は選挙事務を担った。新里善福が当選したが、彼は誰が当選してもあまり関心がなかった。次いで七日に村会議員選挙があった。村内で調整が行われ、二六名が立候補し、無投票で全員が当選した。この頃、農業に専念したくなって村役所を辞任した。助役になってほしいとの打診もあったが、産業課長さえできないのに助役は無理だと断った（二四日、二六日）。引き留められたが、五月一八日に退職願を提出した。

家内は畑仕事もせ《ママ》ないとの事で、物も言はぬ有様である。今の通りではどうしても子供等に万足《ママ》なる食糧を給与する事が出来ないのだ。どうしても現職のまゝにてはいけないのだ。退職してみっちりと開墾でもして芋作りをなし、家畜の飼育をなして農民らしい生活をして見たいものだ。（一七日）

村役所と農業の二足のワラジでは子どもたちを十分に養っていくことができないと思

ったのだ。二〇日から友人たちとルルミヂの開墾に取り組んだ。子どもたちがお茶や昼食を持ってきたが、野辺での食事は気持ちがよく、仕事も進行した。これが「正当の仕事」だと感じた。家に帰って酒を飲むと、「昔恋しい日本々土の話」で大いに賑わった。馬鼻上という高地にある畑にイモ掘り、イモ苗植付けに行くと、海が見渡せた。

高い所に上り、辺土名の部落を見下ろしつゝの作業は実に愉快なものである。海は静かである。見下ろす景色は実にいゝ気持なのである。(六月三日)

この年は農業に専念できるようになったことと豊作で、実に愉快だった。

農業経営の発展

農業は天候に左右されるし、本格的に取り組むと仕事は次から次に出てくるものだった。それでもあせらずに一人でコツコツとゆっくり働くのも愉快だった(六月二六日)。二九日にはブタが七匹の子を産み、近隣から多くの人が見に来た。七月には宇良・又伊名・上ノ川下などの田の稲刈りと脱穀を済ませた。しかし、すぐに苗代づくり・田植え、イモ掘りと植付け、粟の収穫、落花生掘り、各種野菜の植付けや収穫などの仕事が続いた。九月には借金をして念願の牛を一万三〇〇〇円で購入し、これで「一人前の農民」になったと感じた(三日)。七日には子ブタを売ったが、九一〇〇円になり、ブタは農業経営になくてはならぬものと実感した。一一月には帆屋原という所に麦の種を撒き、一二月には稲刈りを始めた。

苦難の持続

宮城はその後も農業に専念したが、一九四八年九月に次女が不慮の事故で亡くなった。翌年の二月二四日の深夜には、近隣の男性が酔っ払って「闇狩」と称して夜中に寝室に侵入し、宮城を襲撃するという事件が起こった。宮城は大腿骨脱臼の大怪我を負い、一九日間入院した。退院後も松葉杖をついて歩くという状態が続き、何年も農作業に支障が生じた。以前に増して妻や子どもたちの協力が必要になり、時には傭人を雇った。マラリアは時々再発した。このような中でも、五月には辺土名にある一三三坪の田圃を一万円で購入している。

今頃の食糧不足には実に困ったものである。それに稲は未だ収穫は余り出来ぬし、買ふに品物を探せぬし、金は豆腐製造の利益のみ。実に苦しいものである。（七月六日）

厳しい食料不足の中で、妻は祭りなどの時に豆腐をつくって売っていたが、これは重要な収入源だった。七月末に稲刈りをしたが、不作で来年の食生活には「大恐怖」がくるのではないかと思った。七月四日には母が亡くなるという不幸が続いた。

一九五〇年になっても怪我をした足は回復せず、治療を続けた。このため、子どもたちにも農作業で苦労をかけ、苦しい思いをしていた。

本日は一日中雨である。子供等は雨をおかして牛の草刈りだ。……向ふの方より風に吹かれて転んでは起き、起きてはころびで来る。実に可哀想に思ふ。……然し我々も幼少の時はこんなものだったのを、せめて子等にはこんな苦痛をさせるまいと思ってたけども、今の体ではどうする事も出来ないものである。今しばらくだ。頑張ってくれよ。おゝ涙のみ。(一月二日)

長男と三男が大雨と強風の中を牛の飼料のため草刈りに行き、風雨に吹かれて山を下りてくる姿を見ると、自分たちが幼い時はこんなものだったが、せめて子どもにはこんな苦痛をさせまいと念じていたのに、と思うと涙が流れたのだ。

宮城は一月から地域の人たちと共同で内田地区の田の排水工事に取り組むが、銀行から資金を借りるのに贈り物が必要と聞いて嘆いている。今の沖縄では贈り物が当然のようになっているが、「日本時代」には厳禁されていたとし、日本行政の有難味をつくづくと思った(一月一日)。また、戦前の正月は学校で遥拝式があり宴会があって賑わったが、戦後の正月は淋しいものだと、「日本時代」の沖縄を懐かしんでいる(一月一日)。

家庭・血縁・地縁の大切さ

農業経営に当たっても、地域で生活するにも、家庭のほかに地縁や血縁は極めて大きな位置を占めていた。家庭に関しては、彼は常に「楽しい、愉快な、幸福な、明るい家庭」を守ろうとし、さらに「村のために、区のために、我が家の復興に」努力していこうと願っていた(一九四九年一二月三一日)。

血縁を確認する各種の祭りがあった。これを一九四九年の日記からみてみよう。一月末旧正月元旦、二月観音祭、三月彼岸祭、四月清明祭、五月アブシバライ祭・若草祭、六月ウマチー祭・観音拝、七月新来祭、八月盆祭、九月彼岸祭、一一月観音拝・マーダニなどである。すべての祭りに親族が集まるわけではないが、たとえば、二月一五日の観音祭には、親族が集まってご馳走を食べた。ところで、親族の祝いの準備をするのは女性の役割だった。

女といふものは矢張り家庭の色々な習慣の例祭事には、ない品物を取集めての御馳走準備なのだから、一苦労はあるものだ(二月一五日)

これは結婚式・出産祝い・還暦祝いや葬儀や洗骨などの儀式でも同様だった。親族の増加は大事なことだった。彼は、一九四八年一月六日に開かれた上の弟の次女の安産祝いでは、「我等一門は今まで子宝の繋生が少なかったのが、辺土名でも正当旧家の中に入るけども、子孫の割合に少なきを思ふ」とし、子孫が増えたことを喜んでいる。彼は「根幹栄えずんば枝葉栄えず」という強い家父長意識を持っており(一九四九年三月三〇日)、その役割を果たすことを重視していた。

また、農業経営や地域の生活のためには地縁が重要だった。田植え・稲刈りや排水工事などの水利関係だけでなく、開墾、防風林の設置、野ネズミや病害虫の駆除、家や家畜小屋の新築・修理などでの協働や加勢、地域生活を維持するための区長・班長などの役割分担も欠かせなかった。彼は地域でこのような仕事を堅実にこなしていった。さらに、海神祭・村運動会などの行事や、学校行事の入学式・運動会・卒業式、各種の行事のたびに開かれる宴会によるつながりも重要な位置を占めていた。

再び産業課長に

一九五一年になっても足の怪我は回復せず、治療を続けつつ、農作業を行っていた。我が足が完全になり、一人前の人間になれば、再来、再出発の活動が展開する。社会のため、本村発展のために、尚《な》ほこれから上級学校をめざしてすゝむ子供等のために、十二分の働きの出来るを楽しみにしてるのだ。(一月三一日)

足の治療を続け、再出発を期している時に、村役所の産業課長への就任要請が来た。六月三〇日に辞令が交付され、七月二日から出勤した。彼を迎える産業課員は大喜びだったという。こうして再び、早朝に農作業をし、それから出勤するという生活が始まった。役所の給料は当初は二五〇〇円で、税金・共済組合費・買物代を差し引かれると残りはほとんどなく、給料は「名ばかり」だった(八月三日)。それでも、四月に長女が北部農林高校(名護)に進学し、一〇月二五日には三女が生まれ、家庭は明るかった。

三　講和問題と沖縄分離

アメリカの新政策と選挙

一九四九年一〇月に中華人民共和国が成立し、一九五〇年六月に朝鮮戦争が始まった。この前後から沖縄に対するアメリカの政策が大きく変わっていった。アメリカ政府は一九四九年九月、沖縄の基地を長期保有し、沖縄を日本本土から政治的・経済的に分離する方針を決定した。新任のジョセフ・R・シーツ軍政長官は一〇月から沖縄で恒久基地の建設に取り組み、住民の協力を得るための政治・行政機構をつくり始めた。一九五〇年九月には群島ごとに知事選挙が行われ、一一月には沖縄・宮古・八重山・奄美の各群島政府が発足した。一二月には琉球列島米国民政府(USCAR[ユースカー])が設置された。さらに、一九五一年四月には琉球臨時中央政府を発足させ、主席に比嘉秀平を任命した。翌一九五二年四月には群島政府を解消し、琉球政府を発足させた(5)。

宮城は、朝鮮戦争が始まると、北はソ連の援助で、南はアメリカの援助で戦争が拡大し第三次世界大戦になるのではないかと危惧した(六月二九日、七月一日)。

一九五〇年九月には村長選挙・村議会議員選挙・群島知事選挙・群島議会議員選挙が

あった。村長選挙では七月から候補者擁立の話が出た。彼は前助役の大城親昌を推してほしいと依頼された。大城の村産業政策は自分と同一なので、これを受けて応援した。八月二四日からは連日選挙事務所に出かけ名刺やポスターをつくったり、弁士の手配をしたりした。この運動の担い手は男性ばかりだった。結果は現職の新里善福が僅差で当選した。彼は、相手が「金を撒き、飲ます食はす」という引込戦をしたからで、実に嫌になってしまうと記している(九月五日)。

村議選では、集落の常会で宮城親信を推すことを決定した。次いで無投票となるよう村全体の調整が行われ、無投票で全員当選ということになった。

群島知事選挙では、沖縄県農業会会長、琉球農林省総裁などを務めた平良《たいら》辰雄(のちに沖縄社会大衆党を結成)の選挙運動に参加した。農業振興政策を期待しての応援だった。対立候補の沖縄民主同盟、松岡政保《せいほ》候補の側は自動車を乗り回して豪勢な運動をしているが、平良側は乗り物はなし、金もなしで、これが本当の「農民派」であると自負していた(九月一二日)。選挙の結果は、平良が一五万五八四五票で当選した(次点松岡六万八一一四票、瀬長亀次郎一万三九五八票)。宮城の家に同志が集まり、仏壇に勝利を告げて、酒宴に入った(一八日)。ここでも男性中心の運動だった。

群島議会議員選挙でも応援した叔父の知花高直が当選し、祝杯をあげた(二五日)。宮城の政治的立場は、親米ではない穏健な保守だった。革新派の沖縄人民党に対しては、一九四七年に辺土名小学校であった瀬長亀次郎などの演説会を聞きに行っている。しかし、話だけは立派だが、「実行は如何なるものであらう」と批判している(九月四日)。

講和と日本帰属問題

一九五一年になると講和と日本帰属問題が大きな争点になってきた。これについて宮城はつぎのように書いている。

近頃の新聞は社大党(沖縄社会大衆党)、人民党の日本帰属の問題で賑ってるが、一方にはうるま新報の池宮城秀意《いけみやぐすくしゅうい》氏は「日本帰属は何を意味するか」とて反対意見を書いてる。人種の異る国民が共に行くことは我には幸福はなきものと思ふ。何れ《いず》日本は復興し興隆することを我は確信するのである。東洋アジヤに日本が起たねば世界は平和なしと思ふ。(三月一七日)

彼は沖縄がアメリカの属領になることにも独立論にも反対し、復興しつつある日本に復帰し、ともに興隆してアジアの指導的位置にたつべきだと確信していた。知花高直議員からは、沖縄群島議会でも一六対三の圧倒的多数で日本復帰を採決したと聞き、酒宴は大いに賑わった(二四日)。六月には日本復帰に関する署名運動が始まり、大賛成で署名した(一三日)。七月には、村長が職員全員を集めて、明日から日本復帰運動のため各区を担当するように指示した。宮城は辺戸・宜名真《ぎなま》を担当し、署名集めに行くこととなった(二五日)。

九月四日からサンフランシスコで対日講和会議が開催されたが、宮城は「これにより日本も世界に伍して堂々たるもの」であり、「やがて芽を出す時が来るらん」と期待していた。しかし、締結されたサンフランシスコ平和条約により日本は独立したが、沖縄が「信託統治」になったのは「断腸の思ひ」だった(一〇日)。「人民の気持は親より分離する思ひ」だとも記している(一二月三一日。なお、同条約第三条によれば、沖縄はアメリカの信託統治の下に置かれたのではなく、アメリカがその提案をするまでアメリカの支配の下に置かれることとされた)。

一九五二年四月二八日には平和条約が発効した。宮城は、悔しさを隠して、「独立日本、国際社会への第一歩の日である」と記し、退庁後「祖国日本」の隆盛を祝った。

彼は、アメリカの支配の下で生きるしかなかった。足の痛みは完全には回復せず、時々マラリアが再発し、下腹部に激痛がはしる疝気《せんき》もしばしば起こった。酒好きで時々飲みすぎることもあった。彼は国頭村の農業・畜産・林業の発展のために尽くしつつ、同時に自家の農業の振興のために奮闘していく。彼の願いは、幸多き平和な世界の実現と沖縄の一日も早い「祖国復帰」により「真の日本人のほこり」をもって世界に伍していくことだった(一九五二年一二月三一日)。

＊

沖縄本島の国頭村にくらす宮城親義の日記から確認されることをまとめると、つぎのようになるだろう。第一に、彼は食と農業の重要性を心に刻み、農業の発展に努めていた。しかし、本土と異なり、沖縄では農地改革による農業発展政策も、米・麦などの生産者価格を維持・補償する食糧管理制度もなく、沖縄の農業はやがて自由化により外国の安い農畜産物やその加工品の波にさらされていく。[6] このような悪条件の中で、彼は、農地の買い上げや開墾で苦境を切り開こうとしていたことになる。それは、家族のため、村の発展のためだった。

第二に、親族の結合の強さと地縁の強さが確認される。彼は、強い家父長意識を持ち、家族・一門・地域の発展をめざしていた。

第三に、日本(ヤマト)への期待の強さと、「旧意識」の存続が確認される。アメリカの支配が強ければ強いだけ、戦前・戦中の「日本時代」が理想化され、日本復帰への期待が高まっていったのだ。これはその後の民衆レベルの祖国復帰運動につながっていく。以上のような宮城の努力と期待がどのように報われていくかの検討は、今後の課題となる。

註

はじめに

（1）竹内好「戦争責任について」『竹内好評論集3』筑摩書房、一九六六年、二一〇―二一一頁。

（2）吉見義明『草の根のファシズム』四六、四八頁。前者の日記の記述は隼田嘉彦「山本武の「陣中日記」（上）」『福井大学教育学部紀要』第Ⅲ部社会科学、五一号、一九九六年三月、三三頁。

（3）高木俊輔「庶民日記の史料論」『立正史学』一〇七号、二〇一〇年三月、五二頁。

第1章

（1）「宮城親義日記」一九四三年一月一日～一九八一年一一月一日（国頭村教育委員会寄託）。以下これによる。なお、この日記の戦中と戦後期（一九六〇年まで）を読み込んだ比江島大和による優れた分析があり、本書はこの研究にも多くのところで依拠している（舟津悠紀・比江島大和・吉見義明「高度成長期における沖縄の民衆の日記について」『商学論纂』［中央大学］五八巻五・六合併号、二〇一七年三月）。

（2）国頭村役所編『国頭村史』同役所、一九六七年、五四一頁。読谷村史編集委員会編『読谷村史』五巻(資料編四・戦時記録下巻)、読谷村役場、二〇〇四年、二四〇頁。
(3) 前掲『国頭村史』五四四頁。
(4) これは、つとに比江島大和が指摘している(前掲、舟津・比江島・吉見「高度成長期における沖縄の民衆の日記について」『商学論纂』五八巻五・六合併号、四九四頁)。
(5) 「阪本勇造日記」一九四三年六月二一日〜一九四五年九月九日(大阪国際平和センター所蔵。氏名は仮名)。以下、これによる。
(6) 添田知道『空襲下日記』(『添田唖蝉坊・添田知道著作集3』刀水書房、一九八四年)。以下、これによる。

第2章

(1) 石橋の憲法第九条論の変遷については上田美和『石橋湛山論』(吉川弘文館、二〇一二年)第七章が詳しく論じている。
(2) 評論家、鶴見俊輔は「やっぱり物は尊い、物は強い、軍艦は飛行機にかなわない」とする日本人の「ただもの主義」の精神は戦時から戦後に引き継がれた、とのべている(鶴見俊輔・松本健一「「戦時期日本の精神」は風化したか」『朝日ジャーナル』一九八二年八月六日号、二三頁)が、これも「ただもの主義」の現れといえるだろうか。
(3) 加藤哲郎は、嵯峨根は保守的支配層の中で原子力の科学研究と技術・実用化を媒介する役割を果たしたとのべている(「占領下日本の情報宇宙と「原爆」「原子力」」『インテリジェンス』一二号、二〇一二年三月、二二頁)。

(4) 上丸洋一編集委員による『朝日新聞』連載記事「原発とメディア」(二〇一一年一〇月一九日夕刊)より重引。

(5) 武谷は、「原子力発電の意味するもの」という談話(『東奥日報』一九五四年八月七日)で、原子炉の建設は動力不足に悩む日本にとって「素晴らしい利益」になるとしながらも、「一歩誤まれば、死の灰をともなう原子力発電の実験を、非常な低賃金でよく働く日本人技師によって間接的に推進させることにもなりかねない」と批判しはじめた(『武谷三男著作集2』勁草書房、一九六八年、三三四頁)。

(6) 占領が終わった後のことであるが、都築正男は、一九五三年にまとめた原爆災害の調査の意味について、動力は近い将来原子力に置き換えられるであろうが、「必ず放射能の発生を伴う」ので、「我等の心身をば放射能の傷害から守ることが必須のこととなる」ことから、この調査は「人類の福祉増進のため」に大いに役立つだろうとのべている(『医学の立場から見た原子爆弾の災害』医学書院、一九五四年、八七頁)。その後、第五福竜丸事件が起きると、日本での原子炉の建設について、「原子力の研究はいいが、原子炉はつくらないほうがよい。……それよりは放射能障害の研究所でもつくることだ」とのべている(『朝日新聞』一九五四年六月二三日)。

(7) 哲学者、高橋真司は、永井のこのような議論を浦上燔祭説とよび、その成立の理由をつぎのように分析している。原爆の被害が最も大きかった浦上一帯は、キリシタンが多く、差別されていた。原爆の被害を受けると旧市街の住民から天罰だといわれた。永井はそれを反転させ、神の恵みだと切り返した。しかし、この議論は日本の支配者と原爆を投下したアメリカの指導者を免責するものだったため、政治的に引き立てられていった、と(『長崎にあって哲学する』北樹出版、一九九四年、二一八—二二八頁)。

第3章

(1) 「松下重喜日記」一九四五年六月一日~一九五一年一二月三一日(横浜市史資料室所蔵。氏名は仮名)。以下、これによる。

(2) 「小長谷三郎日記」一九四一年二月二三日~一九五四年九月二〇日(横浜市史資料室所蔵)。以下、特に断らない限りこれによる。

(3) 井上弘「日中戦争下の青年——足柄下郡早川村の一青年の日記より」『小田原市郷土文化館研究報告』二九号、一九九三年三月、五五—五九頁。なお、井上氏には、このほか小長谷日記に関するつぎのようなすぐれた研究がある。「神奈川県小田原の一青年の日記よりみた戦時下の民衆」(『小田原地方史研究』一二号、一九八二年七月)、「神奈川県小田原の一青年の日記よりみた占領下の民衆」(同一三号、一九八四年八月)、「日中戦争前夜の一少年の日記」(『西さがみ庶民史録』一四号、一九八七年)。

(4) 常岡一郎は一八九九年福岡県に生まれ、慶応大学理財科在学中に結核にたおれ、闘病と求道の道に入った。一九三五年に修養団体、中心社を設立し、中心主義を提唱した。一九五〇年には参議院議員に当選した。著書に『中心の示す道』(中心社、一九三八年)、『空はあけてある』(同、一九四一年)などがある。

(5) 井上氏は、最前線への転属希望者が約六〇名中五名しかいなかったことに注目している

(前掲「神奈川県小田原の一青年の日記よりみた戦時下の民衆」『小田原地方史研究』一二号、五六頁)。小長谷のような戦争への入れ込み方をする者は少数だったのだろう。

(6)「青木祥子日記」(「女性の日記から学ぶ会」の島利栄子代表所蔵。氏名は仮名)。この日記は、一九三二年から一九九七年まで六四冊(絵日記などを含めると三〇五冊)ある。以下、特に断らない限り、一九四四年一月一日から一九五三年一二月三一日までの日記による。

第4章

(1) 占領期の戦争責任論を検討した論文には、赤沢史朗「象徴天皇制の形成と戦争責任論」『歴史評論』三一五号(一九七六年七月)、荒敬「東京裁判・戦争責任論の源流」同四〇八号(一九八四年四月)、吉田裕「占領期における戦争責任論」『一橋論叢』一〇五巻二号(一九九一年二月)などがある。これらはいずれも知識人の議論を検討した貴重な論考だが、民衆レベルの議論にまでは錘をおろしていない。

(2) 戦争責任を追及するよりも、だまされるような脆弱な自己を解剖し、分析し、改造することを主張した伊丹万作は「町会、隣組、警防団、婦人会と言ったやうな民間の組織が如何に熱心に且つ自発的に騙す側に協力してゐたかを思い出してみれば直ぐに判ることである」として、近所の小商人、隣組長、町会長、農民、区役所・郵便局・交通機関・配給機関の小役人・雇員・労働者、学校教師などの身近な人びとが我々を苦しめたとのべている(「戦争責任者の問題」)。これは丸山真男の「亜インテリ」論と同じだが、知識人の戦争協力の問題をおくとすれば、ここには、地域のサブ・リーダーたちの熱心な戦争協力運動に苦しめられた知識人の実感に基づく戦争責任論が表明されている。

(3) 大沼保昭『東京裁判から戦後責任の思想へ』有信堂、一九八五年、一五一頁。

(4) 東南アジア諸民族に対する責任感が表面に現れてこない背景には、当時BC級戦犯裁判が進行中で責任追及を恐れて日本人が口をつぐむ傾向があったという事情とともに、多くの東南アジア諸国が独立したばかりであるか独立途上にあったために、日本の責任を追及する上で大きな発言権をもたなかったという事情があった。しかし、それだけではなく、日本人の意識の中で東南アジアは大変低い位置しか占めていなかったことも大きかった。正木ひろしは自分がだまされていたといって責任逃れをする日本人に対して「もし汝が本当のことを知っていたら、戦争をしないで済ませることが出来たか……汝は天皇に宣戦を中止せしめることが出来たと思うか。はたまた、汝は非戦論を唱えるつもりであったのか。或は、徴兵忌避をするつもりだったのか。それをはっきりしないで口をきいたり感心したりする人間は、所詮実行力の無い人間なのだ」(「「九十五パーセント」の宣伝」『私の大学』ユマニテ社・東京都、一九四六年一月号)と論じて、日本人の権威主義的性格を徹底的に批判した優れた知識人だったが、その正木にも次のような一文がある。「「神様ではなかった」と天皇自身が告白しているのに、これを信心するほど日本の九十五パーセントが阿呆ではあるまい。そんな阿呆な国だったら、世界の文明国は日本をマレー半島の王国と同程度に見下げてしまうであろう」(同前)。

第5章

(1) 「花村耕一日記」一九四四年四月一日〜一九五二年一二月三一日(横浜市史資料室所蔵。氏

名は仮名)。以下、特に断らない限りこれによる。

(2)　横浜製作所一〇〇年史編さん委員会編『三菱重工横浜製作所百年史』三菱重工業横浜製作所、一九九二年、七〇七頁。営業利益についてみると、東重は、朝鮮戦争の特需で一九五〇年上期の赤字から下期には黒字に転じ、一〇%の株主配当を行うことができたが、不況期の受注船の低船価と特需ブームによる原材料の暴騰がぶつかったため、一九五一年上期・下期には再び欠損決算となった、という(三菱重工業株式会社編『三菱日本重工業株式会社史』同社、一九六七年、三一一頁)。

(3)　「平岡航三日記」一九四五年四月一五日〜一九五〇年一二月三〇日(横浜市史資料室所蔵。氏名は仮名)。以下、これによる。なお、一九四七年八月八日から一九四八年一月一一日までの日記は欠けている。一九四三年から一九四五年四月一四日まで書かれていた二冊の日記は一九四五年四月一五日の空襲で焼失した。

(4)　「宮城親義日記」一九四三年一月一日〜一九八一年一一月一日(国頭村教育委員会寄託)。以下これによる。なお、ここでも、比江島大和のこの日記に関する優れた分析に多くのところで依拠している(舟津悠紀・比江島大和・吉見義明「高度成長期における沖縄の民衆の日記について」『商学論纂』[中央大学]五八巻五・六合併号、二〇一七年三月)。

(5)　沖縄県教育庁文化財課史料編集班編『沖縄県史』各論編七巻・現代、沖縄県教育委員会、二〇二二年、一四一一一四二二頁。

(6)　来間泰男『沖縄の農業』日本経済評論社、一九七九年、一二二五—一二二七頁。

本書は二〇一四年三月、岩波書店より刊行された。
岩波現代文庫への収録にあたり、第1章第1節をさしかえ、第5章に第4節を加えた。

焼跡からのデモクラシー—草の根の占領期体験（上）

2024 年 11 月 15 日　第 1 刷発行

著　者　吉見義明《よしみよしあき》

発行者　坂本政謙

発行所　株式会社 岩波書店
〒101-8002 東京都千代田区一ツ橋 2-5-5
案内 03-5210-4000　営業部 03-5210-4111
https://www.iwanami.co.jp/

印刷・精興社　製本・中永製本

ISBN 978-4-00-600483-5　　Printed in Japan

岩波現代文庫創刊二〇年に際して

二一世紀が始まってからすでに二〇年が経とうとしています。この間のグローバル化の急激な進行は世界のあり方を大きく変えました。世界規模で経済や情報の結びつきが強まるとともに、国境を越えた人の移動は日常の光景となり、今やどこに住んでいても、私たちの暮らしは世界中の様々な出来事と無関係ではいられません。しかし、グローバル化の中で否応なくもたらされる「他者」との出会いや交流は、新たな文化や価値観だけではなく、摩擦や衝突、そしてしばしば憎悪までをも生み出しています。グローバル化にともなう副作用は、その恩恵を遥かにこえていると言わざるを得ません。

今私たちに求められているのは、国内、国外にかかわらず、異なる歴史や経験、文化を持つ「他者」と向き合い、よりよい関係を結び直してゆくための想像力、構想力ではないでしょうか。

新世紀の到来を目前にした二〇〇〇年一月に創刊された岩波現代文庫は、この二〇年を通して、哲学や歴史、経済、自然科学から、小説やエッセイ、ルポルタージュにいたるまで幅広いジャンルの書目を刊行してきました。一〇〇〇点を超える書目には、人類が直面してきた様々な課題と、試行錯誤の営みが刻まれています。読書を通した過去の「他者」との出会いから得られる知識や経験は、私たちがよりよい社会を作り上げてゆくために大きな示唆を与えてくれるはずです。

一冊の本が世界を変える大きな力を持つことを信じ、岩波現代文庫はこれからもさらなるラインナップの充実をめざしてゆきます。

（二〇二〇年一月）

G477
シモーヌ・ヴェイユ
冨原眞弓

その三四年の生涯は「地表に蔓延する不幸」との闘いであった。比類なき誠実さと清冽な思索の全貌を描く、ヴェイユ研究の決定版。

G478
フェミニズム
竹村和子

最良のフェミニズム入門であり、男/女のカテゴリーを徹底的に問う名著を文庫化。性差の虚構性を暴き、身体から未来を展望する。〈解説〉岡野八代

G479
増補 総力戦体制と「福祉国家」
―戦時期日本の「社会改革」構想―
高岡裕之

戦後「福祉国家」とは全く異なる総力戦体制=「福祉国家」の姿を、厚生省設立等の「戦時社会政策」の検証を通して浮び上らせる。

G480-481
経済大国興亡史 1500-1990(上・下)
チャールズ・P・キンドルバーガー
中島健二訳

繁栄を極めた大国がなぜ衰退するのか――国際経済学・比較経済史の碩学が、五〇〇年にわたる世界経済を描いた。〈解説〉岩本武和

G482
増補 平清盛 福原の夢
髙橋昌明

『平家物語』以来「悪逆無道」とされてきた清盛の、「歴史と王家への果敢な挑戦者」としての姿を浮き彫りにし、最初の武家政権「六波羅幕府」のヴィジョンを打ち出す。

2024.11

岩波現代文庫［学術］

G483-484

焼跡からのデモクラシー（上・下）

―草の根の占領期体験―

吉見義明

戦後民主主義は与えられたものではなく、戦争を支えた民衆が過酷な体験と伝統的価値観をもとに自ら獲得したことを明らかにする。

2024. 11